# 养殖户抗生素使用行为及其效应的经济学分析

杨 宇 著

东北大学出版社

·沈 阳·

**图书在版编目（CIP）数据**

养殖户抗生素使用行为及其效应的经济学分析／杨
宇著. -- 沈阳：东北大学出版社，2024.7. -- ISBN
978-7-5517-3491-2

Ⅰ. F326. 34

中国国家版本馆 CIP 数据核字第 2024DP4953 号

出　版　者：东北大学出版社
　　　　　　地址：沈阳市和平区文化路三号巷 11 号
　　　　　　邮编：110819
　　　　　　电话：024-83683655（总编室）
　　　　　　　　　024-83687331（营销部）
　　　　　　网址：http://press.neu.edu.cn
印　刷　者：辽宁一诺广告印务有限公司
发　行　者：东北大学出版社
幅面尺寸：170 mm×240 mm
印　　张：9.75
字　　数：176 千字
出版时间：2024 年 7 月第 1 版
印刷时间：2024 年 7 月第 1 次印刷
组稿编辑：曲　直
责任编辑：高艳君
责任校对：孙德海
封面设计：潘正一
责任出版：初　茗

ISBN 978-7-5517-3491-2　　　　　　　定　价：59.00 元

# 前　言

　　我国是畜禽养殖大国，也是兽用抗生素生产和使用大国，兽用抗生素对于防治动物疫病、提高养殖效益发挥了重要作用。然而，抗生素在养殖领域不合理使用显著增加了细菌对抗生素耐药比例。养殖业细菌耐药的直接后果是恶性循环：畜禽细菌性传染病越来越难以治疗，不得已抗生素使用剂量越来越大，细菌耐药越发严重。更严重的是，现有研究已经确认兽用抗生素与人类细菌耐药之间存在关联，并对人类公共卫生安全造成重大威胁。美国疾病控制和预防中心发布的《抗生素耐药威胁报告（2019年）》指出，在所有人类被耐药性细菌感染病例中，约20%来源于食品动物养殖。为了遏制兽用抗生素引发的细菌耐药问题，美国、日本、韩国以及欧洲等数十个国家政府正在采取行动。2017年以来，我国农业部（2018年3月后为农业农村部）密集出台多项管控政策，明确提出禁止促生长用途抗生素使用，严禁在养殖任何时间段对无疾病风险的健康动物群体进行预防疾病用药，推进兽用抗生素减量化使用。我国政府通过减少抗生素用途和减少抗生素使用量来遏制细菌耐药的政策方向已十分明确。既要保持养殖业持续增长，又要坚决遏制动物源细菌耐药，这是养殖业发展大趋势，也是贯彻绿色发展理念的具体诠释。

　　本研究将生猪养殖户抗生素使用行为作为研究对象，通过对河北省生猪养殖户实地调查获得所需数据，依据细菌耐药发生原理和国家管控政策，将生猪养殖户抗生素使用行为划分为减用途使用行为和减量使用行为。了解两种养殖户抗生素使用行为的实施状况，揭示生猪养殖户抗生素使用行为的发生机理，明确影响生猪养殖户抗生素使用行为的主要因素，分析生猪养殖户抗生素使用行为的收入效应，对生猪养殖户抗生素使用行为的综合效益进行评价，提出激励生猪养殖户实施抗生素减用途和减量使用行为的政策建议，以期为推进养殖业遏制细菌耐药和可持续发展提供科学的理论依据。全书主要研究内容及结论如下。

（1）生猪养殖户抗生素使用行为理论分析。依据农户行为理论，生猪养殖户是否实施抗生素减用途和减量使用行为决策取决于该行为的期望总效用。生猪养殖户个体特征、经营特征、政府规制、市场因素、产业合作组织和养殖规模等因素通过影响实施抗生素使用行为的期望总效用进而对生猪养殖户是否实施抗生素减用途和减量使用行为产生影响。通过博弈论进一步分析，表明强化政府规制中检验检疫、违规处罚力度、政策补贴等措施，将会对生猪养殖户实施抗生素减用途和减量使用行为产生积极影响。加入合作社与向社员提供信息服务也会推动生猪养殖户实施抗生素减用途和减量使用行为。另外，健全的"优质优价"的市场机制也能够一定程度上提升生猪养殖户实施抗生素减用途和减量使用行为的积极性。生猪养殖户实施抗生素减用途和减量使用行为可能对生产率和净收入产生消极影响。由于外部性的存在，仅仅考察抗生素减用途和减量使用行为对生猪养殖户带来的负的内部效应是不全面的，还应该考量生猪养殖户实施抗生素减用途和减量使用行为对整个社会和生态环境带来的正向效应。

（2）样本描述性统计分析。运用描述性统计分析法对生猪养殖户的基本特征和抗生素使用行为特征进行分析，结果显示，受访样本中 47.12% 的生猪养殖户实施了抗生素减用途使用行为，有超过五成的生猪养殖户将抗生素用于亚治疗用途；受访样本中实施抗生素减量使用行为的生猪养殖户有 165 人，仅占受访生猪养殖户总数的 28.8%。对生猪养殖户特征与抗生素使用行为进行交叉分析，发现受教育程度高、养殖规模大的生猪养殖户实施抗生素减用途使用行为的比例大，养殖经验越丰富的生猪养殖户越倾向于过量使用抗生素，养殖规模适中的生猪养殖户实施抗生素减量使用行为的比例最大。

（3）生猪养殖户抗生素减用途使用行为及其影响因素分析。政府规制中，过程监管与处罚力度对生猪养殖户抗生素减用途使用行为均存在积极影响。强化对养殖户抗生素使用过程的监管，加大违规处罚力度，可以有效促进生猪养殖户抗生素减用途使用行为。市场因素中，价格影响与销路影响均对生猪养殖户抗生素减用途使用行为产生显著正向影响。不使用抗生素促生长和预防疾病的生猪产品卖个好价钱以及获得更稳定的销路，可以推动生猪养殖户实施抗生素减用途使用行为。从产业合作组织来看，加入合作组织对生猪养殖户实施抗生素减用途使用行为没有影响，这主要是由于不少合作组织流于形式，并没有为社员提供实质性服务。接受信息服务显著正向影响生猪养殖户抗生素减用途使用行为，表明生猪养殖户接受合作组织的信息服务能够有效促进其抗生素减用途使用行为。

（4）生猪养殖户抗生素减量使用行为及其影响因素分析。政府规制中，过程监管、检验检疫与处罚力度三个变量对生猪养殖户抗生素减量使用行为存在显著正向作用。然而政府宣传并不会促进生猪养殖户抗生素减量使用行为的实施；接受合作组织信息服务在5%水平上对普通户抗生素减量使用行为具有积极影响，对规模户则没有影响；养殖规模对生猪养殖户抗生素减量使用行为发生概率随养殖规模增长呈现倒U形变化；养殖经验在10%水平上对生猪养殖户抗生素减量使用行为存在显著负向影响。

（5）生猪养殖户抗生素使用行为对生产率和养殖收入的影响。生猪养殖户抗生素减用途使用行为对生产率和养殖收入均存在显著负向影响，生猪养殖户实施抗生素减用途使用行为将造成其生产率与养殖收入下降；生猪养殖户抗生素减量使用行为在5%水平上对生猪生产率具有显著负向影响，生猪养殖户实施抗生素减量使用行为将造成其生产率降低；普通户抗生素减量使用行为在10%水平上对收入具有负向影响，而规模户抗生素减量使用行为对收入影响并不显著，表明普通户实施抗生素减量使用行为将造成其养殖收入减少，而规模户的养殖收入没有受到抗生素减量使用行为的影响。

（6）生猪养殖户抗生素使用行为综合效益分析。运用层次分析法与模糊综合评判模型，对生猪养殖户抗生素减用途使用行为和亚治疗使用行为、生猪养殖户抗生素减量使用行为和超量使用行为做出经济效益、社会效益、生态效益和综合效益评价。生猪养殖户抗生素减用途和减量使用行为的经济效益均低于亚治疗和超量使用行为，生猪养殖户抗生素减用途和减量使用行为的社会效益均高于亚治疗和超量使用行为，生猪养殖户抗生素减用途和减量使用行为的生态效益明显高于亚治疗和超量使用行为。尽管生猪养殖户抗生素减用途和减量使用行为经济效益较低，但是与亚治疗和超量使用行为相比，两者具有更高的社会效益和生态效益，最终综合效益更高。

基于本研究的相关结论，以激励生猪养殖户实施抗生素减用途和减量使用行为为目的，本书提出了五条政策建议：推出专项政府补贴，加大违规处罚力度；开展更有针对性的政府宣传，提升养殖过程监管效能；促进产业合作组织与生猪养殖户紧密联结，提升其信息服务水平；切实发挥市场导向作用，确保生猪产品交易实现"优质优价"；继续推动规模化进程，扶持生猪养殖户开展

"低抗"养殖。

本研究可能的创新之处如下。

（1）基于公共卫生安全视角对生猪养殖户抗生素使用行为展开经济学分析。

以往国内学者运用经济学方法对畜禽养殖户兽用抗生素使用行为的研究，大都基于食品安全视角，关注焦点是减少抗生素在食品中的残留。公共卫生安全关注的焦点是遏制细菌耐药，本书基于公共卫生安全视角，依据细菌对兽用抗生素产生耐药的原因，结合我国及欧美国家遏制动物源细菌耐药政策，将生猪养殖户抗生素使用行为进一步分为减用途使用行为和减量使用行为，并运用经济学方法对其影响因素、收入效应和综合效益进行研究，在研究视角上具有一定创新。

（2）探究抗生素使用行为的收入效应和综合效益。

以往研究多局限于养殖户抗生素使用行为的影响因素，缺少对"行为测定—影响因素—行为效果"的系统性研究。本书在检验生猪养殖户抗生素减用途和减量使用行为影响因素基础上，探究两种使用行为的收入效应，并且对生猪养殖户抗生素减用途和亚治疗使用行为、减量和超量使用行为进行综合效益评价，这在以往文献中比较少见，在研究内容上具有一定创新。

（3）运用层次分析法和模糊综合评价法对抗生素使用行为进行效益评价。

由于抗生素种类繁多，产生细菌耐药并对社会和生态环境造成影响过程复杂，因此，难以对生猪养殖户抗生素使用行为的外部效应进行客观考量。本书采取客观与主观指标相结合的方法，基于层次分析法和模糊综合评价法对生猪养殖户抗生素使用行为进行综合效益评价，在研究方法上具有一定创新。

杨宇

2024 年 6 月

# 目 录

# 第1章 导 论

## 1.1 研究背景与研究意义

### 1.1.1 研究背景

作为世界畜禽养殖大国，我国对抗生素非常依赖，2013 年全国兽用抗生素使用量已经达到 84.24 万吨，兽用抗生素在提高养殖户收入、保障畜禽品供给安全等方面发挥着举足轻重的作用。由于在现代畜牧业生产中，养殖规模与养殖密度都很大，细菌性呼吸道疾病或肠道疾病可迅速在动物间传播，以感染整个畜群或禽群，而且生猪养殖被认为是全球抗生素使用率最高的动物生产部门之一。2014 年，在法国，36%的兽用抗生素被出售用于猪，23%用于牛，23%用于家禽。畜禽养殖密度越来越大，在一定程度上促进了畜牧业抗生素使用量激增。一些学者和机构团体对世界范围内人与动物抗生素使用量持续增加表示关注和担忧。因为多种目的，世界范围内的抗生素被广泛用于食品动物生产和人类，并且抗生素使用量持续增加，导致耐药性细菌病原体种类激增，这引起了学术界和机构团体的关注和担忧。

细菌耐药性（resistance to drug）又称细菌抗药性，是指细菌对于抗生素①的耐受性，一旦细菌对某类抗生素产生耐药性，该类药物的治疗作用将显著下降。

① 抗生素(antibiotic)，借鉴外文文献惯例，采用其广义界定，即指在体内外对细菌(包括支原体、衣原体、立克次体、狭义细菌、放线菌、螺旋体)有杀灭或抑制作用的药物，包括天然抗生素、人工半合成抗生素和氟喹诺酮类、磺胺类、呋喃类、硝基咪唑类、噁唑烷酮类等人工合成的化学抗菌药物，因此，本书中抗生素指代所有抗菌药物。

无论对于动物还是人类，如果长期使用某类抗生素，可以不断杀灭敏感菌株，而耐药菌株由于缺乏竞争将迅速繁殖，从而使该种细菌对这类抗生素的耐药性比持续升高，这是耐药菌株激增的主要原因。为了表述方便，本书中后面提到细菌耐药特指动物源细菌①耐药性，抗生素特指兽用抗生素②。

现有研究已经确认使用兽用抗生素与人类抗生素耐药性之间存在关联。美国疾病控制和预防中心发布的《抗生素耐药威胁报告(2019年)》指出，在所有人类被耐药性细菌感染病例中，约20%来源于食品动物养殖，由此可见，禁用高风险类别抗生素势在必行。由于动物源细菌耐药性有可能威胁公众健康，导致公共卫生安全问题，欧洲秉承预防优先的原则，率先发布了抗生素禁令。1986年，瑞典禁止在畜牧生产中使用某些抗生素，而丹麦和挪威则分别在1995年和1998年开始禁止使用特定的抗生素，然后禁止任何用于促进生长的抗生素。欧盟(EU)也遵循类似的路径，1995—2000年，禁止用于人类医疗的五种抗生素在农业生产中使用。然后，2006年禁止使用任何动物抗生素促进生长。

与欧洲不同，美国制定公共政策时，秉承证据优先原则，由于科学界缺乏定论，更由于代表各自利益的群体博弈与争论一直在继续，STA禁令也就难以颁布。2013年底，美国食品药品监督管理局(FDA)才正式对外公布计划，三年以内逐步淘汰养殖业中以促生长为目的的抗生素。FDA还要求抗生素制药企业从产品标签中去除"生产用途"，例如提高饲料效率和促进生长，同时要求养殖户必须凭兽医处方购买兽用抗生素。

我国在兽用抗生素政策制定方面起步较晚，但发展很快。2015年以来，我国共禁用了8种兽用抗生素：2015年9月，农业部禁止洛美沙星等4种人兽共用抗生素在动物养殖中使用；2017年8月和2018年1月，又禁止喹乙醇等4种抗生素在食品动物中使用。2016年8月，国务院14个部委联合发布了《遏制细菌耐药国家行动计划(2016—2020年)》。2017年6月，农业部发布了《全国遏制动物源细菌耐药行动计划(2017—2020年)》(以下简称《行动计划》)，其

① 动物源细菌是指以动物为传染源，能引起动物和人发生人畜共患病的病原菌，主要是人类通过直接接触病畜或其污染物及媒介动物叮咬等途径感染而致病。
② 目前抗生素使用的对象主要集中在人类、养殖动物和宠物三类，抗生素的其他应用，例如治疗果树细菌感染、预防艺术品霉菌腐蚀等，用量占比非常小。本书将养殖中使用的抗生素称为兽用抗生素，与人类用和宠物用抗生素加以区别。

中明确提出实施"退出行动",加强重要兽用抗生素风险评估和预警提示,加大安全风险评估力度,明确评估时间表和路线图,加快淘汰风险隐患品种,推动促生长用抗生素逐步退出市场。既要保持养殖业持续增长,又要坚决遏制动物源细菌耐药,这是养殖业发展大趋势,也是贯彻养殖业绿色发展理念的具体诠释。

与此同时,受到非洲猪瘟疫情的冲击,生猪产能下滑严重。依据农业农村部数据,2016—2018 年,我国猪肉产量一直稳定在 5400 万吨左右,2019 年与 2020 年产量分别为 4255 万吨和 4113 万吨,产能下降均超过 20%。即使加上进口,我国猪肉总供给仍不足以支撑 2016—2018 年的平均国内消费量。尽管相关部门增加了替代途径供给(其他蛋白品、中央储备冷冻猪肉的竞价供应等),生猪价格还是显著提高,在高价格区间形成新的供需平衡。2020 年,全国落实生猪稳产保供相关政策措施以来,各地生猪产能恢复速度明显加快。2021 年,我国猪肉产量达到 5296 万吨,约占 2016—2018 年猪肉平均产能的 85%。

当前,我国兽用抗生素使用的最大挑战是如何实现养殖业稳产保供与促生长用抗生素退出市场、抗生素减量使用的管控兼容,这也给我国农业公共政策制定带来严峻挑战。本书以生猪养殖户抗生素使用行为为研究对象,采用"行为测定—影响因素—行为效果"的框架,探究生猪养殖户抗生素使用行为的动因以及对生产率和养殖户收入的影响。最终为推动生猪养殖户实施抗生素减用途和减量使用行为,促进生猪养殖业绿色发展提供政策建议。

### 1.1.2 研究意义

本课题拟研究的科学问题是:养殖户抗生素使用中哪些具体行为特征与遏制细菌耐药性密切相关?这些具体行为特征的主要影响因素是什么?这些具体行为特征对生猪养殖户生产率与收入构成怎样的影响?这些具体行为特征对经济效益、社会效益、生态效益以及综合效益造成怎样的影响?本研究具有重要的理论价值与现实意义。

(1)理论价值。本研究以生猪养殖户抗生素使用行为为研究对象,基于公共卫生安全视角,依据病理学与经济学原理,将生猪养殖户抗生素使用行为进一步细分为减用途和减量使用行为,为研究生猪养殖户行为提供了新的视角和思路；对生猪养殖户抗生素使用行为收入效应和综合效益的研究，丰富了生猪养殖户行为效应的研究内容与研究方法，有助于推动生猪养殖户行为社会效益与生态效益方面的研究。

（2）现实意义。将生猪养殖户抗生素使用行为进一步细分为减用途和减量使用行为，有助于明晰遏制动物源性细菌耐药性的政策管控方向；对两种使用行为影响因素的探究，有助于为推动生猪养殖户实施抗生素减用途和减量使用行为提供指向明确的政策建议；对生猪养殖户抗生素使用行为收入效应和综合效应的考量，有助于更加全面地评价抗生素使用行为的效果，并且为后续制定补贴等支持政策提供现实依据，从而最终为促进畜牧业绿色发展做出贡献。

## 1.2 研究目标与研究内容

### 1.2.1 研究目标

本书依照生猪养殖户使用抗生素的行为特征，从公共卫生安全视角出发，依据细菌耐药性形成特点以及国内外政府管控政策重点，将养殖户抗生素使用行为具体划分为养殖户抗生素减用途和减量使用行为进行研究，分析抗生素减用途和减量使用行为的影响因素及其对生产率和收入的影响，并且对其综合效益进行评价。具体目标如下。

（1）明确生猪养殖户抗生素减用途使用行为的主要影响因素。在理性人假设与认知理论基础上阐释生猪养殖户抗生素减用途使用行为的内在机理，然后提出生猪养殖户抗生素减用途使用行为的理论假说，最后实证检验影响生猪养殖户抗生素减用途使用行为的主要因素，以期为推进遏制细菌对抗生素耐药和激励生猪养殖户实施抗生素减用途行为提供参考依据。

（2）明确生猪养殖户抗生素减量使用行为的主要影响因素。在理论上阐释生猪养殖户抗生素使用行为发生的内在机理，然后构建生猪养殖户抗生素减量使用行为的分析框架，接着利用 C-D 生产函数和损害控制模型测度生猪养殖户抗生素减量使用行为，并着重考察政府规制、产业合作组织、市场因素和养殖规模对生猪养殖户抗生素减量使用行为的影响。

（3）分析生猪养殖户抗生素使用行为收入效应。利用 C-D 生产函数和全要素生产率重点考察生猪养殖户抗生素减用途和减量使用行为对生产率和收入的影响，并且进一步探究不同规模生猪养殖户两种抗生素使用行为对生产率和收入影响的差异性。

（4）量化评价生猪养殖户抗生素使用行为的经济效益、社会效益、生态效益以及综合效益。由于生猪养殖户抗生素使用行为存在外部性，抗生素使用行为不仅对养殖户自身的生产率、养殖收入等产生内部效应，还会对社会公众与生态环境产生外部效应。然而由于抗生素种类繁多，抗生素残留及细菌耐药的检测过程复杂，并且对社会和生态环境多个方面都会造成影响，因此难以对生猪养殖户抗生素使用行为的外部效应进行客观考量。采取客观与主观指标相结合的方法，基于层次分析法和模糊综合评价法对生猪养殖户抗生素减用途使用行为和亚治疗使用行为、减量使用行为和超量使用行为的经济效益、社会效益与生态效益进行综合评价。重点考察生猪养殖户抗生素使用行为的外部效应，即社会效益和生态效益。

## 1.2.2 研究内容

（1）抗生素使用与细菌耐药性管控政策。主要探讨抗生素及细菌耐药的发生原理与管控现状，包括兽用抗生素的使用、抗生素使用与细菌耐药的关系、对抗生素的管控措施等宏观现状。作为相关的研究背景知识对于解释微观样本养殖户抗生素使用行为的外部性、我国管控政策的发展趋势和为了遏制细菌耐药性将养殖户抗生素使用行为进一步划分为养殖户抗生素减用途和减量使用行为等后续研究，具有重要的铺垫作用。

（2）生猪养殖户抗生素使用行为理论分析。首先依据期望效用理论分析生猪养殖户抗生素使用行为的发生机理，并且依据博弈论分析政府规制、产业合作组织对生猪养殖户抗生素使用行为的影响；其次，运用 C-D 生产函数模型分析生猪养殖户抗生素减用途和减量使用行为对生产率与收入的影响；最后，依据外部性理论，重点考察生猪养殖户抗生素使用行为的外部效应，即综合效益评价体系中的社会效益和生态效益。

（3）养殖户抗生素减用途使用行为及其影响因素分析。首先在理性人假设与认知理论基础上阐释生猪养殖户抗生素减用途使用行为的内在机理，然后构建生猪养殖户抗生素减用途使用行为的分析框架，最后实证检验影响生猪养殖户抗生素减用途使用行为的主要因素。

（4）养殖户抗生素减量使用行为及其影响因素分析。首先在理论上阐释生猪养殖户抗生素使用行为发生的内在机理，然后构建生猪养殖户抗生素减量使用行为的分析框架，接着利用 C-D 生产函数和损害控制模型测度生猪养殖户抗生素减量使用行为，并着重考察政府规制、产业合作组织、养殖规模对养殖户抗生素减量使用行为的影响。

（5）养殖户抗生素使用行为收入效应分析。利用 C-D 生产函数和全要素生产率重点考察养殖户抗生素减用途使用行为和减量使用行为对生猪生产率和养殖收入的影响，并且进一步探究不同养殖规模下抗生素使用行为对生产率、养殖收入的影响。试图揭示养殖户使用抗生素的动因和内在机理，力争找到政策优化路径，推动生猪养殖户实施抗生素减用途和减量使用行为。

（6）生猪养殖户抗生素使用行为综合效益评价。采取客观与主观指标相结合的方法，基于层次分析法和模糊综合评价法对生猪养殖户抗生素减用途使用行为和亚治疗使用行为、减量使用行为和超量使用行为的经济效益、社会效益与生态效益进行综合评价。重点考察生猪养殖户抗生素使用行为的外部效应，即社会效益和生态效益。并且对两组生猪养殖户抗生素使用行为综合效益进行排序，为相关政府部门制定政策提供参考依据。

## 1.3　研究方法与技术路线

### 1.3.1　研究方法

根据研究内容，本研究使用的研究方法包括以下四种。

（1）问卷调查法。本研究所用数据来源于实地调查，调查是在河北省社会科学规划基金项目"基于绿色发展理念的养殖业供给侧改革研究"

(HB18YJ069)支持下完成的。首先，对相关文献进行分类和梳理，确定初始问卷的题项；其次，邀请相关领域的专家学者与课题组成员对初始问卷进行讨论和修改，使用修改后的调查问卷到河北省邢台市任县(现任泽区)进行小规模预调研并对调查问卷进行完善；最后，确定调查问卷并进行正式调研和补充调研，为本研究的描述统计分析和实证分析提供数据支持。

(2)描述统计分析法。本研究使用描述性统计分析法对生猪养殖户个体特征、经营特征、政府规制、产业合作组织、养殖规模、养殖户抗生素减用途使用行为、养殖户抗生素减量使用行为进行分析，为本研究的实证分析和政策含义提供现实依据。

(3)理论分析法。本研究运用期望效用理论对养殖户抗生素使用行为发生机理进行经济学阐释；利用博弈论分析政府、产业合作组织以及其他养殖户对生猪养殖户抗生素使用行为的影响；依据外部性理论，指出生猪养殖户抗生素使用行为存在外部效应，而且由于其外部效应难以客观评价，将采用主观与客观评价相结合的方法，对生猪养殖户抗生素使用行为进行综合效益评价。理论分析为本研究的实证分析和政策含义提供理论依据。

(4)计量模型分析法。本研究首先运用 Logit 模型与 OLS 回归分析影响生猪养殖户抗生素减用途使用行为的主要因素；然后引入损害控制模型测算生猪养殖户的抗生素最优使用量；运用 OLS 回归和 Probit 模型分析影响生猪养殖户抗生素减量使用行为的主要因素；运用 C-D 生产函数测算抗生素减用途使用行为和抗生素减量使用行为对生产率和收入的影响；运用层次分析法和模糊矩阵模型对生猪养殖户抗生素使用行为的经济效益、社会效益、生态效益以及综合效益进行评价。

### 1.3.2 技术路线

本研究的技术路线如图 1-1 所示。

提出问题

生猪养殖户抗生素使用行为的发生机理是什么？
生猪养殖户抗生素减用途和减量使用行为受哪些因素影响？
生猪养殖户抗生素减用途和减量使用行为对收入、综合效益有怎样的影响？

| 文献综述 | 研究内容 | 研究方法 | 研究思路 |

分析问题

理论分析

生猪养殖户抗生素使用行为的经济学分析 ← 期望效用理论 博弈论

生产函数与生猪养殖户抗生素使用行为收入效应 ← 生产函数

外部性与生猪养殖户抗生素使用行为综合效益 ← 外部性理论

实证分析

生猪养殖户抗生素减用途使用行为 ← Logit/OLS回归

生猪养殖户抗生素减量使用行为 ← 损害控制模型 Probit模型

生猪养殖户抗生素使用行为收入效应分析 ← C-D生产函数 OLS回归

生猪养殖户抗生素使用行为综合效益评价 ← 层次分析法 模糊关系矩阵

解决问题

规范分析

研究结论 ← 分析与综合 归纳与演绎 抽象与概括

政策建议

研究展望

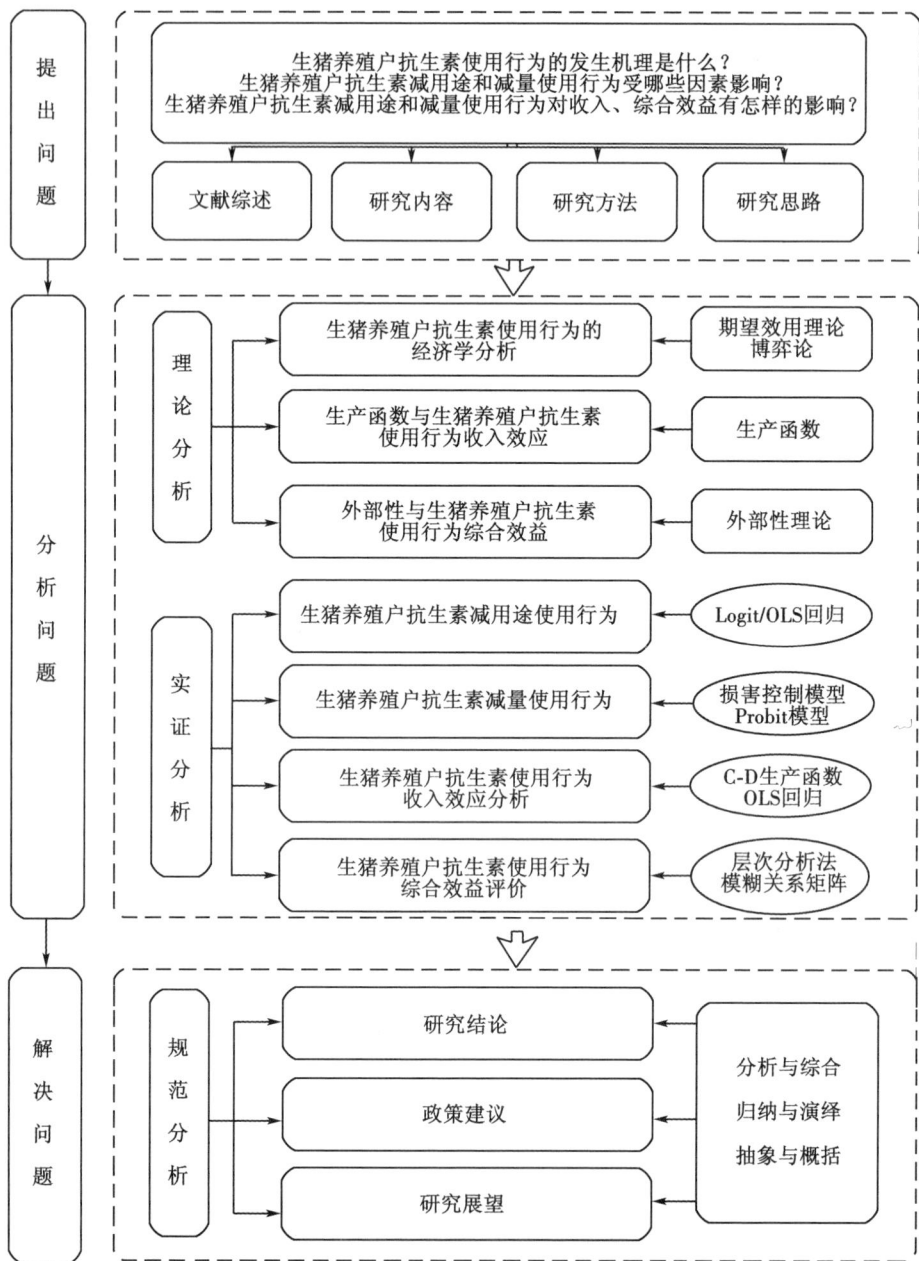

图 1-1　技术路线图

## 1.4 创新与不足

### 1.4.1 创新之处

本书以生猪养殖户抗生素使用行为作为研究起点,依据国家遏制动物源细菌耐药政策,按照抗生素减用途和减量使用行为与两种行为的收入效应以及综合效益评价三个层面展开分析,具体的创新之处表现在以下几个方面。

(1)基于公共卫生安全视角对养殖户抗生素使用行为展开经济学分析。以往国内学者运用经济学方法对养殖户兽用抗生素使用行为的研究,大都基于食品安全视角,食品安全关注的焦点是减少抗生素在动物食品中残留。而公共卫生安全关注的焦点是遏制细菌耐药,多集中在检验医学和兽医学方面。本书基于公共卫生安全视角,依据细菌对抗生素产生耐药性特征,以及我国和欧美国家遏制动物源细菌耐药政策,将生猪养殖户抗生素使用行为进一步分为减用途使用行为和减量使用行为,并运用经济学方法对其影响因素、收入效应和综合效益进行研究,在研究视角上具有一定创新。

(2)探究抗生素使用行为的收入效应和综合效益。以往研究多局限于养殖户抗生素使用行为的影响因素,缺少对"行为测定—影响因素—行为效果"的系统性研究。本书在检验生猪养殖户抗生素减用途和减量使用行为影响因素基础上,探究两种使用行为的收入效应,并且对生猪养殖户抗生素减用途和亚治疗使用行为、减量和超量使用行为进行综合效益评价,这在以往文献中比较少见,在研究内容上具有一定创新。

(3)运用层次分析法和模糊综合评价法对抗生素使用行为进行效益评价。由于抗生素种类繁多,产生细菌耐药并对社会和生态环境造成影响过程复杂,因此难以对生猪养殖户抗生素使用行为的外部效应进行客观考量。本书采取客观与主观指标相结合的方法,基于层次分析法和模糊综合评价法对生猪养殖户抗生素使用行为进行综合效益评价,在研究方法上具有一定创新。

### 1.4.2 研究不足

(1)样本选择与调研数据。由于经费有限,本书仅选择了河北省作为调研省份,难以反映我国生猪养殖户使用抗生素行为的整体情况。另外,由于本书调研内容涉及养殖户比较敏感的"用药"话题,尽管采取了弱化语气,采取间接方式提问等方法,依然难免养殖户在回答中隐瞒用药实际情况的现象,影响数据的准确性。再加上采用截面数据,难以准确考察近年来抗生素限制政策对养殖户抗生素使用行为产生的动态影响。

(2)研究方法。本书采用实证方法检验了抗生素使用行为的影响因素及其对生产率的影响,然而依赖大样本的估计忽略了样本本身的独特性,抗生素的种类繁多,每个养殖场的卫生状况、管理水平差别也很大,这些因素都可能造成估计结果的偏差。国外一些研究已经开始采用干预性试验,例如 MINPIGS 项目,比利时、法国、德国和瑞典的 70 个养猪场参加了这项干预性研究,旨在减少抗生素的使用,同时实施其他措施来预防或控制养殖场的猪疾病,以评估减少猪生产中抗生素使用的技术和经济影响。2019 年,我国农业农村部发布通知,共确定 104 家养殖场为 2019 年全国兽用抗生素使用减量化行动试点养殖场,其中包括 24 家生猪养殖场[①],后续研究力争获取这方面的微观数据。

---

① 数据来源:《农业农村部办公厅关于公布 2019 年全国兽用抗菌药使用减量化行动试点养殖场名单的通知》。

# 第 2 章　概念界定与文献综述

本章对核心概念进行界定，并且对相关研究进行梳理和归纳。根据研究目标，分别从生猪养殖业发展现状与抗生素使用概况、兽用抗生素导致细菌耐药与政府管控现状、生猪养殖户抗生素使用行为研究、生猪养殖户抗生素使用行为收入效应研究和生猪养殖户抗生素使用行为综合效益研究等方面进行综述。最后进行述评，借鉴已有文献成果，分析现有研究存在的不足，为本研究后续的理论与实证分析奠定文献基础。

## 2.1　概念界定

### 2.1.1　生猪养殖户

生猪养殖户是指通过生猪养殖获取经济收益的养殖户。作为生猪养殖的主要参与者和直接受益人，生猪养殖户对养殖投入拥有自主决策权，其对抗生素使用行为决策直接影响着生猪产品的质量安全，而不规范的抗生素使用行为还可能造成细菌耐药风险，造成公共卫生安全威胁。

现有文献针对养殖户类型的分类较少，针对农户类型的分类多种多样。其中按照种植规模将农户划分为普通户(小户)和规模户(大户)的分类方法比较常见。近年来，不少学者对农户农药/化肥减量化使用行为开展农户规模异质性研究，本书借鉴这个划分思路，按照养殖规模大小，将生猪养殖户划分为普通生猪养殖户与规模生猪养殖户①，对普通户与规模户抗生素使用行为影响因素和抗生素使用行为收入效应进行异质性分析。

---

① 为了表述简洁，本书将普通生猪养殖户简称为普通户，将规模生猪养殖户简称为规模户。

探讨普通户与规模户的异质性，首先需要明确普通户和规模户的划分标准。虽然从农业农村部到地方各级政府，都在提倡规模养殖，并且密集出台系列扶持政策，不过对于规模养殖户的定义目前还缺乏明确而统一的标准。2008年，《规模猪场建设》（GB/T 17824.1—2008）国家标准发布，其中对规模猪场的解释为："采用现代养猪技术与设施设备，实行自繁自养、全年均衡生产工艺，存栏基础母猪100头以上的养猪场。"该国标要求多，界限模糊，在具体政策应用与学术研究中，往往难以量化。

2016年，农业部发布《全国生猪生产发展规划（2016—2020年）》（以下简称《规划》），将年出栏生猪500头以上作为生猪产业发展规划的规模化指标。《规划》指出，在鼓励规模养殖的政策带动下，2009—2014年，生猪年出栏500头及以上的规模养殖比重增加了7.3%，达到41.8%，2020年，规模养殖比重超过50%。本书参照《规划》，把年末出栏生猪500头作为划分标准，将年末出栏生猪大于或等于500头的生猪养殖户称为规模户，将年末出栏生猪小于500头的生猪养殖户称为普通户。

### 2.1.2　生猪养殖户抗生素使用行为

生猪养殖户抗生素使用行为主要指生猪养殖户为了达到促进动物生长、预防疾病、治疗疾病的目的，将抗生素用于养殖过程中未出栏生猪的行为。参考欧美国家遏制细菌耐药的防控措施，依照我国兽用抗生素管控政策，本书将对遏制细菌耐药具有积极作用的生猪养殖户抗生素使用行为细分为生猪养殖户抗生素减用途使用行为和减量使用行为。

（1）生猪养殖户抗生素减用途使用行为。兽用抗生素的用途主要分为治疗疾病、促进生长和预防疾病三种，其中促进生长和预防疾病用途抗生素需要在动物饲料或饮水中长期低剂量添加，更容易造成细菌耐药。本书将使用抗生素只限于治疗疾病用途的生猪养殖户表征为生猪养殖户抗生素减用途使用行为；参照国外文献命名方式，将促进生长和/或预防疾病用途抗生素使用行为统称为生猪养殖户抗生素亚治疗（subtherapeutic antibiotic）使用行为。

（2）生猪养殖户抗生素减量使用行为。根据兽用抗生素使用量，将生猪养殖户兽用抗生素使用行为分为减量使用行为和超量使用行为两种：如果养殖户抗生素实际使用量小于或等于最优使用量，则表征为抗生素减量使用行为；如果养殖户抗生素实际使用量大于最优使用量，则表征为抗生素超量使用行为。

### 2.1.3 效应

效应是由某种动因或原因所产生的一种特定的科学现象，本书的效应是指生猪养殖户抗生素减用途和减量使用行为产生的影响。由于抗生素使用行为具有外部性，对于生猪养殖户来说，抗生素使用行为既产生只影响他们自身的内部效应，又产生与他们没有直接关联的外部效应。下面分别予以阐述。

本书生猪养殖户抗生素减用途和减量使用行为内部效应是指实施减用途和减量使用行为对生猪养殖户养殖收入产生影响，即收入效应。农民收入问题一直是"三农"问题研究的重点和难点，乡村振兴的关键也是让农民生活富裕。农户收入较为普遍的划分类型为经营性收入、工资性收入、转移性收入及财产性收入。已有研究表明，农户生产投入、新技术采用行为等对农业收入水平有显著影响，同时要素配置的变化也会显著影响农户收入效应水平。要素配置变化主要包括化肥、农药/兽药、劳动力、资金及土地要素的投入结构变化，兽药等生产要素的投入直接涉及农产品的质量安全。生猪养殖户抗生素减用途和减量使用行为会引起生猪患传染疾病和病死率的变化进而影响其生产率，若其产品价格不变，则其收入会减少，若能"优质优价"，则其收入也许会有所增加，然而农产品市场上以假乱真、以次充好现象并存。生猪养殖户抗生素减用途和减量使用行为很可能会影响生猪生产率进而影响养殖收入，因此，本书通过生猪养殖户生猪养殖平均每头净收入（单位：元/头）来衡量生猪养殖户的收入效应，并且与生猪生产率进行比较分析。

对于生猪养殖户来说，抗生素使用行为还会产生与他们没有直接关联的外部效应，即对社会公众、生态环境产生影响。使用抗生素会造成食品中抗生素残留和细菌耐药等问题，危害食品安全与公共卫生安全。然而由于抗生素种类繁多，抗生素残留及细菌耐药作用机理复杂，并且对社会和生态环境多个方面都会造成影响，因此，难以对生猪养殖户抗生素使用行为的外部效应进行直接考量。本书构建生猪养殖户抗生素使用行为综合效益评价指标体系，将抗生素使用行为的外部效应纳入指标体系的社会效益和生态效益中进行评价。

## 2.2 国内外研究综述

### 2.2.1 生猪养殖业发展现状与抗生素使用概况

(1)生猪养殖业发展现状。生猪产品的市场规模已超万亿元关口。作为我国价值最大的单类农副产品，以生猪养殖业为核心，生猪产业链带动着众多行业的发展。2019年，受到非洲猪瘟影响，我国生猪价格持续上扬，2020年，我国生猪产值超过1万亿元，并且对产业链上下游行业造成深远影响，这些行业包括饲料、兽药抗生素研发与制造、屠宰、仓储物流、零售与餐饮等。从2005年起，生猪养殖规模越来越大，标准化水平越来越高，随着良种覆盖率的增加，现代生猪产业转型升级也越来越快。产业各方面升级同时进行，例如，做到了扩大规模化水平，尽量把产地和销区融合在一起，更加注重食品安全、环保和生产效率等。

产业近况和特征。近些年，国家因为非常重视发展生猪产业，所以在政策上给予了很大倾斜，再加上市场的拉动，生猪产业综合生产效率、科技支撑程度、公共服务系统和产业素质都得到了明显提升，这样既夯实了现代产业发展基础，也进一步打开了生猪养殖产业链的广阔发展空间，整个产业发展生机勃勃。

猪肉的产量和销量稳居世界第一位。通过对美国农业部(USDA)、中国国家统计局、海关总署数据的调研和比较，以2019年为例，生猪供给量高于进口量，不同口径数据总供给有458.3万吨之差，但比起我国发生非洲猪瘟疫情之前的消费量，生产与进口的供给量都下降了，总供给不足以支撑2015—2018年的平均消费水平，所以增加了替代途径(其他蛋白品、中央储备冷冻猪肉的竞价供应等)，从而使生猪价格显著提高，在高价格区间形成新的供需平衡。

产业结构升级。2004年和2007年，农业部和国务院先后发布了《关于推进畜禽现代化养殖方式的指导意见》和《关于促进生猪生产发展稳定市场供应的意见》，既在政策上给予了支持，又对全国畜禽大范围规范化养殖做出了规划。自2010年开始，农业部组织创建畜禽规范化建设活动，全国积极响应，创建了1567个生猪规范化示范场，以点带面，全国规范生产水平的提升被辐射带动起来。2016 年，农业部颁布《全国生猪生产发展规划（2016—2020 年）》，加速了生猪养殖产业踏上现代化高质量发展道路的进程。

从 2014 年开始，散养户因为环保水平、养殖收益、抗病抗疫情能力都不高等原因逐步退出市场；相反，集团公司（特别是年出栏 500 头以上规模的集团公司）占比快速增长。例如，2014 年，全国年出栏 500 头以上的规模养殖占比约为 41%；而 2019 年与上述同等规模的占比约为 62%。因为非洲猪瘟疫情波及，生猪养殖产业中集团公司发挥了越来越重要的作用，占比逐渐增加，从 2014 年的 3%，增至 2019 年的 18%。

规模企业与集团公司市场占有率上涨。2011 年，上市龙头公司年出栏市场占有率仅有 1%~2%，随后出现逐步增加的趋势，由于非洲猪瘟疫情与环保清退两个事件的驱动，市场占有率（2018 年：7%，2019 年：8.5%~8.9%）持续增加。例如，某龙头企业，2018 年全年销售生猪总量为 1101.1 万头，其中商品猪占 1010.9 万头，2019 年统计相同的指标，前者为 1025.33 万头，后者为 867.91 万头。另外，市场占有率大大增加，原因是全面考量其猪类销售总量，虽然其商品猪销量降低，但是仔猪销量大涨。根据相关数据，2018 年出栏量较大（生猪合计出栏 4844.78 万头）的八家养殖企业（牧原股份、温氏股份、正邦科技、新希望、天邦股份、大北农、中粮肉食、天康生物）的生猪出栏量，达到全国生猪总出栏量的 6.98%。2019 年，该八家养殖企业生猪合计出栏 4499.93 万头，虽然比上年度减少 300 多万头，但占全国生猪总出栏量的比例却上升了 1.29%，行业集中优势大大显现。

随着养殖门槛的提高，生猪养殖企业要想有长远的发展，除了减少自然瘟疫的影响，必须具备三大优势，即规模化、现代化、一体化。如何做到？首先，为了降低瘟疫的感染概率，采取就地宰杀的方法，减少生猪运输；其次，寻找更加有扩张优势（自繁自养、自产饲料、就地屠宰、兽药研发、冷链输送、跨多省投资、资金富裕）的集团化企业。根据上市龙头公司相关数据，2019 年无形资产和固定资产以及在建工程有不同程度上涨，由此得知龙头公司经营规模正在主动性不断扩充。

质量安全系数显著提升。根据《中华人民共和国农产品质量安全法》《中华人民共和国畜牧法》《饲料和饲料添加剂管理条例》《兽药管理条例》的规定，要不断强化质量安全风险管控的意识，通过健全防疫体系、建立养殖细则、使用培训投入品，使生产管理更加规范，同时积极推行肉品品质检验和屠宰检疫制度,有力地确保猪肉质量安全系数的提升。

养殖区域分布较广泛,但主要集中在粮食主产区。第一名为四川省,其出栏量占全国总出栏量的十分之一。我国生猪养殖主要集中在华东、华中、华南和西南,原因是上述地区水源充足、气候适宜、经济发达、人口集中。另一个有养殖优势的地区是东北地区,因其饲料成本较低、交通运输便利、地域辽阔、有广泛的销售区域(京、津、冀、内蒙古),特别适合规模化企业发展。

2016 年,国家发布"十三五"生猪产业发展规划,划分了生猪养殖发展的重点区域:河南、四川、河北、山东、广西、重庆和海南,用来满足北上广深等城市生猪肉的需求。该规划提出三个发展区的概念:一为约束发展区域,主要包括长江中下游、珠江三角洲、长江三角洲、南方水网区的两湖,在发展的同时保护环境和水资源。二为养殖规模化发展区域,包括东北地区、内蒙古、西南地区的云南和贵州,因其地域辽阔,粮食资源充足,适合养殖规模化发展。三为养殖适度发展区域,如陕西、山西等西北地区,因其受水资源匮乏、养殖基础差、不同民族饮食习惯差异等限制,适宜进行适度发展。从现状看,东北地区具备较好的资源优势和物流优势,再加上国家提出的振兴东北和南方加大环保的政策,东北地区的养殖优势将会日益凸显,"南猪北养"的趋势也会越来越明显。

(2)生猪养殖业抗生素使用现状。2015 年,中国科学院应光国课题组绘出了我国首份抗生素环境浓度地图。在地域分布上,通过著名的"胡焕庸线"划分成明显的东部和西部两个部分,其中东部的抗生素排放量密度是西部的 6 倍以上。动物的抗生素排放是环境中抗生素的主要输入来源,其贡献率要远远大于人的排放。

目前,我国关于兽用抗生素使用情况的宏观数据较少,本书主要梳理了文献中抗生素使用情况的微观数据。为确保生猪健康养殖,科学规范使用抗生素等兽药具有关键的决定性作用,以实现优质肉品的产出和消费对象的健康。但由于规模、管理等主客观因素的限制,我国生猪养殖过程中始终存在用药超标、无视休药期等违规行为,构成了生猪养殖的安全隐患。近年来,国内一些学者对该领域进行了相关研究:陈永山等测算了猪废水中四环素抗生素的含量,发现其残留量超出国家限定的最大值;谢旭燕研究发现,虽然多数兽药是在兽医诊疗后开具的,但养殖户在使用中往往存在违规行为:55.5%的养殖户用药超标,68.35%的养殖户无视休药期坚持用药,24.31%的养殖户使用人药代替兽药，以达到快速医治效果；刘增金等以北京 183 个养猪户为研究对象，发现 40.44% 的被调查者违规使用兽药，严重威胁了北京市生猪养殖安全。

在养殖户违规使用兽药的行为中，用药超标问题所占的比重较大，已引起行业及社会的广泛关注。在超标使用的药类制品中，抗生素类药物因其治疗效果显著而占据首位。黄杰河、孙若愚和周静研究发现，多数养殖户存在连续、超标使用抗生素类药物行为，以降低生猪死亡率、保障出栏数量；祁诗月等通过检测生猪粪便成分，发现 83.3% 的养殖户存在抗生素类药物使用超标，其中，抗头孢氨苄的细菌比例高达 49.12%，幼崽所占比例更高。

研究发现，养殖户违规用药的行为与自身安全意识薄弱密切相关。袁超等发现，养猪场户为保证出栏率，在大规模流行性畜禽类疾病爆发时，会擅自对生猪使用抗生素类药物，以期达到预防目的。同时，在生猪感染疾病时，会违反医嘱增加抗生素类药物用量，以加快治愈。在经济利益驱使下，养殖户对于生猪成活率的关注要远高于肉类品质和安全，当该类肉品缺少相关检验流入市场后，便会对食品安全构成极大威胁。张慧等以山东中小规模养猪场户为研究对象，调查了当地违规使用兽药的行为。由于缺乏良好的市场机制和制度监管，生猪常受到人为压价。为提高出栏率、保证养殖收益，生猪养殖户往往会设法降低疾病等经营风险，过度使用抗生素类药物进行防治，而不关注肉制的食品安全问题。闵继胜、周力对生猪养殖户的调研结论为：农户在选择使用饲料添加剂时，营养和药性是首要的考虑因素，占 30%；免疫力和饲料的转化率次之，分别占比 29%；安全性因素所占比例微乎其微。鉴于以上研究结果，出于养殖成本和经营收益的需要，养殖户在选择和使用药物时，往往会关注药效的时长和治愈率，忽视生猪食品安全问题及由此引发的道德、健康等社会问题，从而产生严重的负面影响。

缺乏对药物科学使用的认知也是导致生猪养殖户滥用抗生素类药物的重要原因，而认知主要体现在对信息的掌握程度，充分认知信息可以帮助养殖户做出正确决策，增加药物使用的安全性。孙若愚等研究发现，生猪养殖户掌握的信息数量与其药物正确使用行为成正比，即信息越充分，行为越规范。吴林海和谢旭燕的实证研究表明，71.26% 的养殖户在使用饲料和兽药时仅凭以往经验，不参照说明书内容科学进行；68.35% 的养殖户过分关注出栏时效，在休药期内违规使用，直接影响生猪肉质安全；55.5% 的养殖户仅关注治疗效果，超标使用兽药，间接危害人类健康。从以上研究可以看出，正是养殖户缺乏对兽药使用的正确认知,造成了滥用、超标等违规行为的发生。

目前研究发现,生猪养殖户对于用药信息掌握的缺失,不但存在于流程的常识性认知,还体现在科学的使用方面,例如,抗生素不仅存在于兽药中,有时也存在于预混料中,从而造成了生猪饲养的被动用药。邬小撑等研究发现,由于受到农村医疗水平及科学饲养意识的限制,养殖场户在用药时缺乏科学指导,极易出现违规用药情况。经调查,仅有 25.23% 的养殖场户有科学饲养意识,能够区分禁用药品、科学用药,严格遵守非休药期治疗。而对于休药期概念,只有 24.2% 的养殖场户认知。吴华等研究发现,药品说明书、科普宣传单、政府或行业公益类培训是养殖户获取科学饲养及用药的主要途径,且其中的内容多以产品为依托,带有广告宣传性质,主要介绍价格、成效,鲜有对兽药成分、使用、副作用及注意事项的科学讲解。吴林海和谢旭燕调查发现,养殖户对兽药的科学使用认知度普遍较低,完全无认知或认知程度较低的比例高达 80.27%,盲目使用兽药行为给生猪饲养带来了极大的安全风险。孙若愚研究发现,养殖户中不知道兽药成分及科学使用方法的比例高达 73.27%,给生猪的科学安全饲养带来了极大的隐患。

### 2.2.2 兽用抗生素导致细菌耐药与政府管控

(1)兽用抗生素导致细菌耐药。先前的研究表明,细菌对抗生素耐药的发生与人类和动物的抗生素使用水平密切相关。任何抗生素的使用都有可能产生细菌耐药,只是"过度使用"或"误用"会造成不必要的细菌耐药概率增长。欧洲各国人类和动物的抗生素使用差异很大,抗生素使用水平高的国家也有较高的细菌耐药发生率。欧洲疾病预防和控制中心(ECDC)、欧洲食品安全局(EFSA)和欧洲药品管理局(EMA)不仅记录了抗生素的使用与食品动物的细菌耐药性之间的关联,而且记录了食品动物中抗生素的使用与某些人畜共患细菌组合的细菌耐药发生之间的关联。

目前的证据显著表明,动物抗生素的使用促进了人类细菌耐药的增长,不过这种贡献的重要性和程度尚未量化。人类和动物的抗生素使用依赖相同的抗生素类别这一事实进一步支持了这一假设。耐药细菌的可能传播途径包括与动物接触直接传播、通过动物源性食物消费间接传播或与环境中动物释放的耐药细菌接触而传播。在这个阶段,这些传输路线的相对重要性是未知的。相关研究表明,与生猪养殖户或屠宰场人员直接接触是牲畜相关致病细菌传播的潜在来源，生猪养殖还可以促进产生超广谱 β-内酰胺酶(ESBL)细菌的食源性传播。

正如人类使用抗生素的情况一样，在农业中使用抗生素会导致细菌对抗生素产生耐药性。在动物食品中检测到的抗药性病原体包括弯曲杆菌、沙门氏菌、肠球菌和大肠杆菌等。抗生素耐药性的产生是因为抗生素主要杀死抵抗力较弱的细菌，没有竞争对手，更多的抗药性细菌繁殖并传递它们的抗药性基因。事实上，兽用抗生素经常长期低于治疗剂量使用，这导致耐药性细菌的出现概率激增。

通过接触动物或食用动物产品，抗药性细菌可以转移到人身上。例如，与感染耐甲氧西林金黄色葡萄球菌的动物接触的农民感染这些细菌的风险高于正常水平。根据世卫组织关于遏制细菌耐药的全球行动计划，食品是将细菌耐药从动物传播给人类的可能途径之一，人类食用含有抗生素的食品导致了耐药细菌感染。

在动物中使用抗生素会降低人类抗生素有效性的风险是显著的。据估计，全世界 30% 的人从事畜牧业，每年农业生产 40 亿吨粮食，供 70 多亿人食用。考虑到抗生素在畜牧业中的广泛应用，通过与动物或食物接触而感染抗生素细菌的个体数量可能非常高。此外，从 2010 年到 2030 年，预计全球在农业中使用抗生素的总量将增加 67%，部分原因是巴西、俄罗斯、印度、中国和南非等国家对牲畜产品的需求不断扩大，预计在农业中使用抗生素的总量将增加近一倍。

特别值得关注的是，细菌对人类最需要的抗生素种类有耐药性并向人类传播的风险正在增大。美国食品药品监督管理局认为 2014 年销售给动物使用的抗生素中有 62% 对人体健康具有重要的医学意义。一个例子是大肠杆菌素，这是人们对许多多重耐药细菌，特别是对碳青霉烯类抗生素耐药细菌的最后一道防线。在中国经常给猪注射大肠杆菌素的地区，20% 以上的动物都发现了大肠杆菌对大肠杆菌素耐药。

综上所述，科学研究告诉我们，抗生素耐药性具有三个特征：一是在起源和影响上，它是全球性的；二是在科学链条的大部分环节上，还存在着不确定性；三是潜在影响非常大，而且许多影响是不可逆的。

(2)欧美国家对兽用抗生素的管控措施。禁止促生长用途、严控预防疾病用途抗生素类药物。面对抗生素类药物的潜在风险，世界组织及各国积极减少抗生素类药物使用用途。欧盟自 2006 年起禁止使用促生长类抗生素，以保证食品安全和公共卫生安全；美国食品药品监督管理局兽药管理中心（FDA-CVM）出台了一系列政策法规，对抗生素的使用情况进行严格监管，特别是对于促进畜禽生长类的药物明令禁止使用，并颁发了相关药物的指导文件，以规范其科学使用。对于预防疾病用途抗生素，在购买畜禽类抗生素类药物时，需持有兽医开具的正规处方，在指定场所购买。欧盟和美国在对待促生长用途和预防疾病用途的抗生素使用上，无论是管控思路还是具体措施都存在较大差异，下面分别予以详细介绍。

欧盟对促生长用途和预防疾病用途抗生素管控思路秉承预防优先的原则，管控措施明确而严格，且历史悠久。英国议会"Swann 报告"早在 1969 年便提出了抗生素监管问题，指出畜禽中使用抗生素的行为在相当程度上导致了人类抗生素耐药性的增加。Swann 委员会对于此类问题给出的建议是：在给畜禽使用抗生素时，不能低于治疗水平的剂量，即用药时以治疗为目的。此报告公布后，英国率先禁止青霉素和四环素这两类抗生素用于促生长，以确保公共安全。随后，其他欧洲国家积极响应，在 20 世纪八九十年代开始采取法令形式全面禁止使用促生长用途抗生素类药物。瑞典于 1986 年颁布法令禁止所有类别抗生素用于促生长；随后，挪威、芬兰、波兰和瑞士相继发布法令政策禁止用药。国际组织方面，欧盟于 1997 年向成员国颁布法令，禁止在饲料中添加阿伏霉素；1999 年禁止添加大部分促生长类抗生素；2006 年起禁止向饲料内添加所有以促生长为目的的抗生素。对于预防疾病用途抗生素，要求养殖户在购买畜禽类抗生素类药物时，需持有兽医开具的正规处方，在指定场所购买。

在禁止使用促生长类抗生素的推广过程中，丹麦的成效颇为显著，其经验和做法值得借鉴和学习。丹麦于 1995 年和 1998 年分别禁止对阿伏霉素和维吉尼亚霉素的使用。在政府和行业的积极宣传引导下，丹麦牛肉、鸡禽行业于 1998 年自愿停止养殖过程中对促生长类抗生素的使用，生猪行业于次年全面禁止使用该类药物。同时，为避免兽医从药物销售中获取高额利润，政府对开具处方行为严加监管，于 2010 年实施了"黄卡"计划，从政策层面对生猪抗生素的使用量化管理、即时监管，对超标行为予以警告，对逾期未纠正者进行经济处罚，违规严重者还将面临养殖规模的强制限制。在国家全部实施禁令前，食品和农业部制定了 DANMAP 计划，对畜禽和人类使用抗生素的剂量和频率全面调研，监测抗生素耐药性并对安全用药进行综合研究。

美国对促生长用途和预防疾病用途抗生素管控思路秉承证据优先的原则，管控措施注重行业引导和市场导向，由 FDA、USDA、美国疾病控制和预防中心（CDC）等多家机构共同完成。美国的监管经验主要包括以下几点。

首先，FDA 制定了严密的审批程序，任何抗生素的销售行为都需按规定报批、严格审查，以检测药品的安全性，并将检验结果以文件形式批复。若符合检验标准，送检方需向 FDA 兽药中心递交药物成分、使用方法、注意事项、药品标识等材料进行销售申请，通过审核认定后批准销售。为保证药品的绝对安全，FDA 还在审核程序中明确了休药期，限定了抗生素使用与屠宰的最短间隔期，从而保障了人体对药物的耐受水平。如果该类药物在使用时达到休药期的标准，则在安全用药范围内。

其次，对食用肉类残留的抗生素和耐药性进行检验。在屠宰场及海关出入境口岸设立专门的检验部门，由美国农业部食品安全检验局（FSIS）直接负责对肉类样品的检验，测定其抗生素的残留量等相关指标是否达到国家标准，并通过官方媒体及时发布检验结果。以 2011 年为例，在 FSIS 的 5006 个检测样本中，没有通过残留量检验的 8 个不合格样本通过官方媒介被公开披露，其销售资格被取消。

抗生素减量化使用。由于认识到耐药细菌的增加造成的重大危害，以及兽用抗生素使用对这一危害的推动，国际组织以及国家层面制定了若干战略，以减少或控制兽用抗生素的使用。在国际层面，联合国粮食及农业组织（FAO）、世界动物卫生组织（OIE）、世界卫生组织（WHO）在三方协议中将遏制细菌耐药性确定为联合行动，并制定了遏制细菌耐药全球行动计划。欧盟还采取了协调和联合战略，以尽量减轻细菌耐药的危害。2011 年，欧盟委员会发布了遏制细菌耐药威胁上升的行动计划。所有这些策略都把减少兽用抗生素总体使用作为一个主要目标。这些战略的关键组成部分包括促进减量化使用抗生素、开发和实施抗生素替代战略以及明确抗生素减量化目标和密切监测抗生素的使用情况。

减量化使用抗生素是细菌耐药全球行动计划的关键组成部分。OIE 将减量化（也称为"负责任"）使用抗生素定义为"一套旨在减少动物使用抗生素的实用措施和建议"。关于在兽医中负责任和减量化使用抗生素的《OIE 陆生动物卫生法典》也明确规定了相关利益攸关方的责任，即主管当局、兽医药业、动物饲料生产商、兽医和食用动物生产者对减量化使用抗生素的责任。欧洲成员国(例如丹麦或德国)根据其意见也制定了自己的指导方针,欧洲委员会还制定了减量使用抗生素的指南。这些指南旨在促进抗生素管理,其定义为抗生素种类、剂量和持续时间的最佳选择,其导致治疗或预防感染的最佳临床结果,并且对随后的细菌耐药性影响最小。

减少风险类别抗生素使用。谨慎使用抗生素的一个关键方面涉及选择最合适的抗生素。世界卫生组织和世界动物卫生组织分别制定了一份至关重要的人类和兽用抗生素清单;这两个清单都被用作参考,以帮助制定和优先考虑风险评估与风险管理策略,以控制由人类和非人类抗生素使用引起的细菌耐药性。尤其是氟喹诺酮类药物、第三代和第四代头孢菌素类和大环内酯类在兽医许可的抗生素中被列为风险管理的最高优先级。2014年,欧洲药品管理局还根据其在兽用抗生素对于公共卫生的风险等级,提出经兽医批准的低风险、高风险等级分类。高风险类别包括被世界卫生组织列为至关重要的抗生素类别,其中经兽医批准使用的低风险、高风险类别抗生素,其公共卫生风险仅被认为是可接受的,条件是对其使用作出了具体限制(即氟喹诺酮类药物和全身给药的第三代和第四代头孢菌素类药物)。只有在没有为相应目标物种和适应症授权的替代抗生素时,才应使用这些储备抗生素。2015年,在中国检测到mcr-1抗性基因后,欧洲药品管理局建议将粘菌素添加到高风险类别,并要求到2020年兽医使用粘菌素销售量减少65%。法国食品、环境和职业健康与安全机构(ANS-ES)也提供了有用的见解,评估了与动物抗生素使用方式相关的细菌耐药出现的风险。根据欧洲药品管理局的分类,ANSES建议在特定情况下保留最新一代头孢菌素和氟喹诺酮类药物的使用,并应按照行业明确标识并严格控制。2010年,法国养猪业已经在这方面采取了行动,禁止在猪药中使用这些抗生素。美国FDA在2003年发布了152号行业指南,将兽用抗生素进行分级,该分级标准成为后续各国管控兽用抗生素的重要依据。后来,美国又于2012年发布了新的行业指南(209号),针对规范使用抗生素提出两点指导性建议:一是在152号行业指南中明确列出的MI类抗生素只能作为维护食品动物健康使用;二是只有在兽医的指导与监督下,MI类抗生素才允许被使用。

开发和实施抗生素的替代策略。大多数遏制抗生素细菌耐药性计划强调了通过实施替代措施减少抗生素需求的重要性;这些可以是预防措施,首先减少动物细菌感染,或采用替代疗法对抗生素的控制措施。针对细菌耐药不断上升的威胁,欧盟行动计划特别指出了减少抗生素使用的预防措施的重要性。"预防胜于治疗"是欧盟 2007—2013 年动物健康战略的核心理念与座右铭,该战略构成了 2016 年生效的欧盟新动物卫生法的基础。在以前的文献中,已经显示出广泛的预防措施,有助于减少食品动物中抗生素的使用。例子包括强化畜群生物安全,以防止病原体进入农场(即外部生物安全)或一旦进入农场内蔓延(即内部生物安全)。减少的抗生素使用也被确定为与疫苗接种密切相关,例如,针对种猪养猪场中的猪圆环病毒 2 型,但接种更多病原体不一定导致抗生素使用量降低。其他有希望的预防措施包括改善住房条件、改进喂养策略、早期诊断或建立传染病根除计划。还可以使用多种治疗动物感染的抗微生物药物替代疗法。猪生产中最受欢迎的是断奶后 14 天内饲料中的氧化锌质量分数为 2.5%,以控制断奶后的腹泻。由于饲料中添加高剂量氧化锌也可能导致细菌耐药,并且由于担心环境中氧化锌残留的释放,氧化锌作为饲料添加剂的治疗用途在欧盟一直备受争议。但是,其于 2015 年获得了欧洲市场授权,在所有欧盟国家都可以使用。抗生素的其他治疗替代品包括使用益生菌、益生元和"竞争性排斥"产品(即通过与无害细菌竞争排除宿主的病原菌)。

设立减少食用动物抗生素使用的目标。关于是否应规定减少食用动物抗生素使用目标的问题一直存在争议。一些人认为减少抗生素使用本身就是一个目标;而另一些人则认为动物抗生素使用在任何情况下都应减少到最低限度,最终目标是减轻人类的抗生素耐药性。2019 年,世界卫生组织发出倡仪,建议制定全球目标,以促进全球 2015—2025 年减少兽医抗生素的使用;它建议以每公斤牲畜平均 50 毫克活性物质为目标,这是丹麦动物目前使用的水平,丹麦是欧盟最低抗生素使用者之一。迄今为止,遏制细菌耐药全球行动计划和欧盟行动计划都没有针对细菌耐药不断上升的威胁制定抗生素减排目标,这可能与抗生素种类繁多、细菌耐药作用途径复杂有关。

监测动物的抗生素使用情况。减少使用抗生素所带来的细菌耐药风险的策略的关键要素是监测抗生素的使用,从而评估所实现的减少抗生素使用的变化。《OIE 陆生动物卫生法典》为监测食用动物中抗生素的数量和使用模式制定了最低标准。收集的数据至少应为每年食用动物中使用的抗生素活性成分的重量(以 kg 计)。然而,迄今为止,世界上仅有有限数量的国家可以获得这些数据。加强监测抗生素使用的能力显然是联合国粮食及农业组织、世界动物卫生组织、世界卫生组织三方的目标。世界卫生组织药物统计方法学合作中心开发了统计方法,以准确可靠的方式监测抗生素的使用;然而,无论是在人类还是在动物医学中，监测抗生素使用的方法显然没有协调一致。

（3）我国政府对兽用抗生素的管控。2017年，农业部发布了《全国遏制动物源细菌耐药行动计划（2017—2020年）》，2018年，农业农村部发布了《兽用抗菌药兽医临床使用指导原则（征求意见稿）》，明确提出加快推动促生长用途抗生素退出市场，慎用抗生素预防疾病用途，推进兽用抗生素减量化使用。

禁用抗生素促生长用途。2020年7月1日，我国正式禁止兽用抗生素用于促生长目的。2006年，欧盟在养殖业中全面禁用促生长用途抗生素。目前美国只对具有重大医疗价值的抗生素种类禁止用于促进动物生长。对促生长用途抗生素的禁用，标志着我国某些抗生素管控举措比美国更加严格。

慎用抗生素预防疾病用途。在畜禽养殖过程中根据动物疾病风险应负责任地谨慎选用适宜的抗菌药进行治疗性预防性用药，采用适宜的剂量、疗程和用药途径，避免在食品动物养殖过程中过量使用甚至滥用抗菌药物，减少抗菌药物对人类健康和生态环境的潜在威胁。严禁在养殖任何时间段对无疾病风险的健康动物群体进行常规治疗性预防用药，更不能以大规模的预防性治疗用药来代替良好的饲养管理。

开展减量化"示范"运动。2019年，我国农业农村部确定104家养殖场作为开展兽用抗生素减量化使用试点，其中包括24家生猪养殖场。在全国绿色养殖示范县以及生猪、奶牛、家禽等养殖大县选择生猪、奶牛和家禽优良品种，推进安全与残留低的中药或益生菌等产品替代兽用抗生素，开展兽用抗生素减量化使用示范活动，从养殖伊始就对兽用抗生素减量化使用，并且总结减量化经验，逐步大范围示范推广，以及研究推出减量化补贴制度。

### 2.2.3　生猪养殖户抗生素使用行为的相关研究

（1）生猪养殖户抗生素减用途使用行为的相关研究。治疗疾病、预防疾病和促进生长是生猪养殖户使用抗生素的三种主要用途。由于在现代畜牧业生产中养殖规模与养殖密度都很大，细菌性呼吸道疾病或肠道疾病可迅速在动物间传播，以感染整个畜群或禽群。养殖户或兽医可能会使用抗生素单独治疗患病动物，称为治疗疾病用途抗生素；养殖户也可能通过把长期低剂量抗生素添加到其饲料或水中①来预防疾病的传播，称为预防疾病用途抗生素。长期低剂量添加抗生素还可以通过抑制竞争营养物质的胃肠道生物的生长来增加营养吸收，从而提高饲料效率，称为促进生长用途抗生素。兽用抗生素使用目的不同，在使用剂量和持续时间上存在很大差异。与治疗疾病用途兽用抗生素相比，预防疾病和促进生长用途兽用抗生素，因为使用剂量小，持续时间长，更可能允许细菌有时间突变并产生对这些抗生素的耐药性，造成耐药性细菌比例激增。

有学者研究发现，养殖户对生产投入要素安全性的认知水平、对该要素使用方法的认知水平和对相关法律法规的认知水平显著影响养殖户对生产要素的投入决策，而通过技术培训可以提升养殖户对生产要素安全性与使用方法方面的认知，政府通过宣传可以提升养殖户认知相关法律法规的水平。最近还有学者研究了养殖户对抗生素风险的心理认知与态度对养殖户抗生素使用行为的影响；他们发现觉得使用抗生素风险更高的养殖户，实际抗生素促进动物生长的概率更低。

养殖户与兽医的关系，对养殖户抗生素使用行为也产生了强烈影响（McIntosh and Dean，2015）。大部分受访养殖户对抗生素残留造成的食品安全问题有所了解，但是对于抗生素造成细菌耐药方面缺乏基本认知。加强与兽医的沟通，一方面可以促进养殖户对使用抗生素造成细菌耐药风险的心理认知水平提高；另一方面，如果养殖户用药时遵从兽医医嘱，那么直接决定其抗生素使用用途的选择行为。

（2）生猪养殖户抗生素减量使用行为的相关研究。学者们对兽用抗生素减量使用行为的研究大多集中在影响因素的识别和政策设计等方面。养殖户抗生素使用行为受到个体特征、认知特征、经营特征以及政策环境等多种内外部因素的综合影响。孙若愚、周静发现，养殖户性别、养殖年限和养殖规模对其过量使用兽药影响显著，男性饲养者更偏好加大兽药使用剂量，养殖年限越长则越容易控制兽药的使用量。何坪华、毛成兴提出，推进我国"无抗养殖"进程，应充分发挥安全风险认知对行为选择的基础性作用，生猪养殖户对使用抗生素的风险并不关心，育肥初始阶段养殖户会习惯使用抗生素，因此有必要增强养殖户使用抗生素的风险认知及促进减用习惯的形成。除此之外，政府监管对养殖户超量用药并无显著影响。市场预期收益和自我感知风险才是兽药使用行为

---

① 养殖户一般出于促进动物生长或者预防疾病的目的，长期低剂量地向畜禽水产中添加抗生素，被称为抗生素亚治疗（Subtherapeutic antibiotics）使用行为。

最重要的影响因素。养殖户的养殖经验与养殖户抗生素使用行为显著相关。农场管理实践,尤其是与生物安全相关的实践,也会对养殖户抗生素使用行为产生影响,畜群中的生物安全水平越高,抗生素的使用率就越低。

我国生猪的养殖规模普遍较小、饲养环境较差,整体防病、抗病能力较低,多数为中小规模养猪场户。生猪疾病防疫系统具有脆弱性,构成了养猪场户扩大饲养规模的主要障碍。受到环境、饲料、遗传等多方面的影响,生猪养殖在疾病控制方面始终存在很大风险。与规模养殖相比,中小规模养猪场户在该方面承担了较大的风险和成本,也是制约其发展的瓶颈之一。因此从经济收益角度讲,为规避风险、减少损失,在缺少监管机制的情况下,难免存在违规使用兽药的行为,从而实现快速控制病情、保证生长质量、增加养殖收入等目的。同时,中小规模养猪场户由于受到管理水平和分散经营的限制,难以科学统一管理,存在信息短板、科普缺乏等弊端,加之经济利益的驱使,也是其违规使用抗生素等兽药行为的诱因。农业生产实现规模化经营是现代农业发展的必然趋势。然而,关于规模化对养殖户兽用抗生素减量化使用的影响,现有研究未取得一致结论。有些学者认为规模化发展可以有效引导养殖户科学用药,过量使用兽药的人数会减少。分散的小规模养殖中,药物添加和使用具有随意性和风险性,即小规模养殖户更愿意冒风险投入药物添加剂。有些学者则认为,养殖规模对遵守休药期的行为具有正向影响,但对饲料和添加剂的使用行为影响不显著。规模化养殖使饲养密度增加,为降低动物病死率,养殖户"陷入技术不可持续性之中"。养殖规模、病害预期损失会提高兽药使用成本性支出,且生猪养殖户过量使用兽药的边际生产率接近0。对于生猪养殖户抗生素减量使用行为研究结论,体现出多种内外因素动态共同作用的现实复杂性。

### 2.2.4 生猪养殖户抗生素使用行为收入效应的相关研究

兽用抗生素属于养殖生产投入品,对于农业生产投入品生产率的测度,学者们最常用的方法是C-D生产函数,即柯布-道格拉斯生产函数。例如,有学者对美国玉米种植户农药使用数据,利用C-D生产函数估计农药的边际生产率,发现农药投入量增加1美元,玉米种植户的收益提高1.89美元。

伴随现代农业的发展和资源约束的加剧,农业生产的技术效率问题日益成为国内外学者关注的焦点问题。有学者采用数据包络法(DEA)对农户生产技术效率进行测度,孟令杰、张红梅利用DEA分析测算中国小麦各大产区生产技术效率水平，李然、冯中朝测算花生产出技术效率，宋雨河、李军、武拉平用此法对蔬菜种植技术效率进行测算。随着研究内容和方法的不断丰富，有学者指出，在农业中数据是充满噪声的，故测度技术效率应倾向于使用随机前沿法（SFA），而不是 DEA 法，相继涌现出对种植作物生产技术效率测度的研究成果。

### 2.2.5 生猪养殖户抗生素使用行为综合效益的相关研究

生猪养殖户使用抗生素主要出于自身的经济效益考量：抗生素用于促进动物生长，可以提高平均每日增重和饲料转化率，从而降低饲料投入成本；抗生素还可以用于预防疾病，不但降低生猪感染疫病的风险，还减少养殖户对卫生相关操作或技术的替代性投入；与人类类似，兽用抗生素最重要的用途依然是治疗细菌感染造成的动物疾病，通过抗生素治疗，可以显著降低生猪死亡率，降低疫病对生猪养殖户的产量损失。另外，还有学者指出，抗生素亚治疗使用行为减少了单个猪的体重增加的可变性，从而减少了养殖场年度出栏产量的变化，并且有利于工业化流水线屠宰。短期来看，使用抗生素在降低料肉比、降低疫病风险和降低生猪死亡率等方面对生猪养殖户具有明显的正效应。[①]

尽管抗生素对生猪养殖户具有正向效应，但是长期大量使用抗生素对生态效益产生不利影响。首先，养殖动物产生的耐药性细菌会传播给人类，造成难以治愈的疾病。其次，抗生素被养殖动物吸收后，可在动物产品中残留，从而产生毒副作用，危害消费者健康。再次，养殖动物是滥用抗生素的直接受害者，它们同人类一样，长期使用抗生素不仅会增加动物致病菌耐药性，还会造成它们体内菌群对抗生素的耐受。而且，抗生素的毒副作用对动物肝肾等器官造成损伤，增加动物生理痛苦。最后，兽用抗生素容易随养殖动物排泄物进入外界环境，并在水体、土壤中富集，对生态环境产生更加广泛和持久的影响。由于抗生素具有抑制或杀灭细菌、真菌的作用，进入外界环境的抗生素对微生物群落具有明显毒害作用。另外，生猪养殖户抗生素使用行为还存在一定的社会效益。兽用抗生素在稳定生猪总产量、保障国内供给方面具有积极作用，但是过多使用抗生素造成生猪食品安全与细菌耐药问题频频，导致社会对生猪食品安

---

① 长期来看，大量使用抗生素造成细菌耐药，也会造成整个生猪养殖业抗生素投入增加、生猪死亡率上升等负面效应，但是这不是个体生猪养殖户所关注并且能够左右的。

全的舆情关注甚至舆情焦虑。

由于抗生素耐药及其危害作用机理复杂，检验成本高，因此对生猪养殖户抗生素使用行为的外部效应难以客观考量。本书借鉴其他学者对低碳行为、化肥农药减施和农户土地利用行为等评价方法，构建生猪养殖户抗生素使用行为综合效益评价体系。

### 2.2.6　文献述评

梳理和归纳国内外相关文献，可知国内外学者对养殖户兽用抗生素使用行为的研究范围广，成果丰富，对本研究借鉴意义强，但在以下方面可以完善：第一，以往国内外学者运用经济学方法对养殖户兽用抗生素使用行为的研究，大都基于食品安全或者环境保护视角，重点关注动物性食品抗生素残留对消费者的危害。基于公共卫生安全视角，聚焦遏制动物源细菌耐药的养殖户抗生素使用行为经济学方面的研究较少，尤其在我国，动物源细菌耐药的管控政策已经走在了学术前面。第二，学者多进行对特定使用抗生素行为影响因素的研究，缺少对"行为测定—影响因素—行为效果"的系统性研究，而且研究中大多将养殖规模作为一个解释变量，没有对规模异质性做进一步分析。第三，研究学者多对养殖户抗生素使用行为的产出绩效进行评价，缺少对规范使用抗生素正外部性的量化评价。

本研究拟从以下方面进行改进：第一，基于公共卫生安全视角，聚焦遏制动物源细菌耐药，对养殖户抗生素使用行为进行经济学分析，深入探究生猪养殖户抗生素使用行为的发生机理。第二，依据细菌耐药的特点和国家出台的细菌耐药的管控措施，将生猪养殖户抗生素使用行为细分为抗生素减用途和减量使用行为，系统考察影响两种抗生素使用行为的主要因素以及它们对养殖户收入的影响，并对规模进行异质性分析。第三，利用主客观评价相结合的方法量化评价生猪养殖户规范使用抗生素行为的正外部效应。

# 第3章 生猪养殖户抗生素使用行为理论分析

本章是全书的理论分析部分。首先，基于期望效用理论，分析了生猪养殖户抗生素使用行为的发生机理；其次，利用博弈论进一步分析了政府、产业合作组织、市场因素以及其他生猪养殖户对生猪养殖户抗生素使用行为的影响；再次，利用生产函数分析了生猪养殖户抗生素减用途和减量使用行为的收入效应；最后，利用外部性原理分析了生猪养殖户抗生素使用行为的外部效应，并提出将其纳入综合效益评价指标体系进行衡量。

## 3.1 期望效用理论与生猪养殖户抗生素使用行为发生机理

对于追求自身效用最大化的理性生产者——生猪养殖户来说，其抗生素使用行为决策目标仅限于追求经济收益最大化。相关研究显示，生猪养殖户抗生素使用行为负外部性造成细菌耐药加剧正在威胁人类健康，因而成功实现外部性内部化是化解外部性问题的根本所在。本章综合运用期望效用理论对生猪养殖户规范使用抗生素行为[①]进行经济学解释，为后续章节的实证分析提供科学的理论依据。

为方便研究，本书的前提假设为调研的生猪养殖户始终进行该项目生产，同时风险态度为中立型，即决定采用规范使用抗生素行为与其获得的长期效用密切相关。抗生素使用行为有两种表现形式：规范使用抗生素行为和违规使用抗生素行为。生猪养殖户养殖生产期数是 $T(T \geqslant 1)$，因规范使用抗生素行为获

---

① 为了行文简便，本章中生猪养殖户规范使用抗生素行为特指生猪养殖户抗生素减用途和减量使用行为中的一种或几种。

取的经济收益是 $S(S>0)$，通过规范使用抗生素行为而获得的政府补贴和产业合作组织支持为 $J(J>0)$，规范使用抗生素行为获得市场上消费者的认可，提升其品牌价值或企业形象 $M_1(M_1>0)$，实施规范使用抗生素行为而获得心理慰藉的隐性收益是 $W_1(W_1>0)$[①]，$\delta$ 是贴现因子值 $(0<\delta<1)$。假定生猪养殖户从养殖生产周期起始时开始实施规范使用抗生素行为，那么其各期的效用函数可以表示为：

$$U = S+J+M_1+W_1 \tag{3-1}$$

假定生猪养殖户实施规范使用抗生素行为，那么其预期总效用 $R_1$ 可以表示为：

$$R_1 = U_1+\delta U_2+\cdots+\delta^{T-1}U_t = \frac{1-\delta^T}{1-\delta}(S+J+M_1+W_1) \tag{3-2}$$

养殖过程中，由于政府和行业在监管过程中存在漏洞，生猪养殖户知晓自身的生产行为不会受到相关部门全方位的实时监管，即违规使用抗生素行为有可乘之机，则在利益动机的驱使下，可能发生违规使用抗生素行为。例如，养殖户为了加快生猪生长在饲料中添加抗生素，为了节省兽医服务费用或者仅仅为了方便而直接使用高风险类别抗生素（高风险类别抗生素都属于广谱抗菌药物），为保证生猪产量不受疫病影响而超量使用抗生素等。

假设生猪养殖户违规使用抗生素行为会有额外收益，即获得除实施规范使用抗生素行为每期养殖收益 $S$ 之外的收益，记为 $M$；同时产生相应的心理压力成本，记为 $W_2$[②]，并且承诺之后各期养殖过程均存在违规使用抗生素行为，直至被政府或产业合作组织发现。生猪养殖户违规使用抗生素行为被政府和产业合作组织发现的概率为 $p$，违规使用抗生素行为经核实后所获的养殖收益记为 $S^*(S^* \leqslant S$，可能因违规使用等被实施责令整改、停业迁移等管制处罚，$S^*$ 也可能是 $0)$，违规使用抗生素行为一经查处的罚款成本为 $N$。假定生猪养殖户从养殖伊始（第一期）便违规使用抗生素，各期养殖生产期望效用流用 $U$ 表示，则计算公式为：

$$U = (1-p)(M+S+J-W_2)+p(S^*-N-W_2)$$

---

① 实施规范使用抗生素行为会带来良好的生态效益，生猪养殖户会认为实施抗生素减用途和减量使用行为对得起自己的良心，与违规使用抗生素行为相比，则会得到宽慰和自我价值提升。

② 无论生猪养殖户违规使用抗生素行为是否被相关部门发现，养殖户均知晓由此产生的不良后果，会存在自责、愧疚、焦虑等心理压力成本。由此看出，由于"惯性理解"作用，不实施抗生素使用行为次数与其心理压力成本成反比关系。为便于研究，假定本书生猪养殖承担的心理压力成本不变。

假定生猪养殖户存在违规使用抗生素行为,则预期总效用 $R_2$ 的计算公式为:

$$R_2 = U_1 + \delta U_2 + \cdots + \delta U_t$$

$$= \left[ (1-p)(M+S+J-W_2) + p(S^* - N - W_2) \right](1 + \delta + \delta^2 + \cdots + \delta^{T-1})$$

$$= \frac{1-\delta^T}{1-\delta} \left[ (1-p)(M+S+J) + p(S^* - N) - W_2 \right] \tag{3-3}$$

有学者研究发现,农户作为经营主体,符合经济学中理性经济人的基本假设,在农产品供应链中位于最上游,其养殖经营行为也是不断追求自身利益的最大化。在市场经济条件下,生产要素在养殖、种植等农业生产中的配置经济有效,农户在实现经济收益最大化等利益目标驱使下,生产行为的决定依据便是期望效用值的大小。随着食品安全及公共安全关注度的不断提升,生猪养殖户在饲养过程中使用抗生素行为受到政府及行业的广泛重视,相继采取系列措施进行监管。同时,养殖户也会综合考虑、权衡利弊,将造成的外部性影响作为生产决策的重要参考因素。在抗生素使用方面,生猪养殖户违规使用抗生素行为有时会增加生产成本,造成经济损失,包括行政处罚、经济罚款、停业整顿等,严重者会经由媒体曝光,引起强烈的负面舆论,给养殖户的经济和信誉带来双重损失,从而给今后的生产经营带来巨大的影响。

通过期望效用理论可以看出,在生猪养殖过程抗生素使用行为决策中,养殖户所获得的期望效用体现在两个方面:其一,实施抗生素使用行为带来的经济效用;其二,综合道德、社会、经济等各方面得失的期望效用。作为理性经济人,生猪养殖户必定会在生产过程中将效用最大化原则作为制定决策的依据。

根据式(3-2)和式(3-3),可以得到生猪养殖户违规使用抗生素行为和规范使用抗生素行为的预期总效用差值 $\Delta R$。若 $\Delta R$ 为正数,则表示生猪养殖户有违规使用抗生素行为的可能性,并且 $\Delta R$ 越大,生猪养殖户违规使用抗生素行为的可能性越大。

$$\Delta R = R_2 - R_1 = \frac{1-\delta^T}{1-\delta} \left[ (1-p)M + p(S^* - N - S - J) - (W_1 + W_2) \right] \tag{3-4}$$

由于生猪养殖户是理性经济人,结合上述分析,可知养殖户进行生产经营的最终目的是实现经济利益的最大化。影响养殖户是否决定违规使用抗生素行为的因素包括:违规使用抗生素行为条件下,获得的额外经济收益、承受的心理压力成本、被政府和行业部门获知的概率、获知后的经济收益、承担的处罚费用;规范使用抗生素行为条件下,获得的生产经济收益、自我慰藉的心理收益、政府和行业的补贴及政策扶植;养殖生产期数及贴现因子。养殖户生产过程的决策行为虽受到养殖生产期数及贴现因子的影响,但由于不在本书的研究范围内,故按常数处理,在此不作赘述。

计算式(3-4)中各影响因素的偏导值,深入研究各因素对养殖户决定是否违规使用抗生素行为的影响程度。

$$\frac{\mathrm{d}\Delta R}{\mathrm{d}p} = \frac{1-\delta^{T}}{1-\delta}(S^{*}-N-S-J-M)<0 \tag{3-5}$$

结果如式(3-5)所示,生猪养殖户在生产过程中违规使用抗生素行为和被政府、行业组织查获的概率相关,二者成反比关系。即若相关部门加大行政监管力度,则养殖户违规使用抗生素行为更易暴露、需要支付的处罚费用等违规成本更多,就会自觉降低对政府及行业组织的违规意愿,减少违规行为的发生;相反,若相关部门减小对养殖户的监管力度,则生猪养殖户违规使用抗生素行为更容易隐藏,实施违规使用抗生素行为的可能性就更大。

$$\frac{\mathrm{d}\Delta R}{\mathrm{d}M} = \frac{1-\delta^{T}}{1-\delta}(1-p)>0 \tag{3-6}$$

由式(3-6)可知,生猪养殖户违规使用抗生素行为与所享有的经济利益成正比,即由此获得的经济收益越大,受经济诱惑的程度越明显,经济驱动促使其生产过程中主动实施违规使用抗生素行为。

$$\frac{\mathrm{d}\Delta R}{\mathrm{d}S^{*}} = \frac{1-\delta^{T}}{1-\delta}p>0 \tag{3-7}$$

由式(3-7)可以得出,实施违规使用抗生素行为的生猪养殖户被政府和产业合作组织发现后获得的养殖收益越大,生猪养殖户实施违规使用抗生素行为的可能性越大。其原因在于,即使生猪养殖户违规使用抗生素行为被政府和产业合作组织发现,其获得的收益也可能大于承受的损失。

$$\frac{\mathrm{d}\Delta R}{\mathrm{d}N} = -\frac{1-\delta^{T}}{1-\delta}p<0 \tag{3-8}$$

由式(3-8)可知,生猪养殖户违规使用抗生素行为被发现后支付的罚款越多,生猪养殖户违规使用抗生素行为获得的经济收益越少,为规避支付罚款对养殖生产造成的影响,生猪养殖户实施规范使用抗生素行为的可能性越大。

$$\frac{\mathrm{d}\Delta R}{\mathrm{d}S} = -\frac{1-\delta^{T}}{1-\delta}p<0 \tag{3-9}$$

由式(3-9)得出,生猪养殖户实施规范使用抗生素行为所获得的经济收益和被激励程度对其使用行为有着较大的影响:获得收入越高、被激励程度越大,其实施规范使用抗生素行为概率越大。这是因为从机会成本和规避风险的角度出发,生猪养殖户作为理性经济人实施规范使用抗生素行为所获得的效用越高,其承担风险的动机则越小。

$$\frac{\mathrm{d}\Delta R}{\mathrm{d}J} = -\frac{1-\delta^T}{1-\delta}p < 0 \tag{3-10}$$

由式(3-10)可知,生猪养殖户实施规范使用抗生素行为获得的政府补贴和产业合作组织支持越多,对生猪养殖户实施规范使用抗生素行为的促进作用就越强,从而养殖户实施规范使用抗生素行为的可能性越高。生猪养殖户实施规范使用抗生素行为既能从政府和产业合作组织处获得经济及技术支持,以完善发展生产,又可获得业内人员的支持和称赞,从而提升其实施规范使用抗生素行为的积极性。

$$\frac{\mathrm{d}\Delta R}{\mathrm{d}W_1} = -\frac{1-\delta^T}{1-\delta} < 0 \tag{3-11}$$

由式(3-11)可知,生猪养殖户实施规范使用抗生素行为获得自我内心宽慰的无形收益越大,其实施规范使用抗生素行为的可能性越大。生猪养殖户具有经济人和社会人的双重身份,在注重经济效益的同时,也关注规范使用抗生素行为所收获的社会名誉和地位,以此增加自我认同感、满足感,促进其实施规范使用抗生素行为的主观能动性。

$$\frac{\mathrm{d}\Delta R}{\mathrm{d}W_2} = -\frac{1-\delta^T}{1-\delta} < 0 \tag{3-12}$$

由式(3-12)得出,心理压力成本也会对养殖户违规使用抗生素行为产生影响,其成本越大,实施规范使用抗生素行为的可能性越大。若生猪养殖户违规使用抗生素,会由于担心产生其他不可控事件而感到焦虑,给日常生产经营带来一定影响,导致感知价值降低。

由此可见,生猪养殖户实施规范使用抗生素行为获得的经济利益、政府和产业合作组织扶植程度以及心理成本的隐性收益与违规使用抗生素行为的实施成反比。生猪养殖户违规使用抗生素行为获得的经济利益和扶植程度越小,被监管机构发现的概率越大,由焦虑引发的心理成本也越大,则缴纳的罚金会使经济收入降低,其违规使用抗生素行为的动机越弱且可能性越小。

进一步分析发现,生猪养殖户违规使用抗生素行为被政府和产业合作组织发现的概率也影响其他因素。因此，通过求二阶偏导来阐释生猪养殖户违规使用抗生素行为被政府和产业合作组织发现的概率对抗生素使用的影响程度，计算结果如下：

$$\frac{\mathrm{d}^2\Delta R}{\mathrm{d}p\mathrm{d}S^*} = \frac{1-\delta^T}{1-\delta} > 0 \qquad (3\text{-}13)$$

通过式(3-13)得出，若养殖户违规使用抗生素行为被政府和产业合作组织发现的概率下降，那么 $\frac{\mathrm{d}\Delta R}{\mathrm{d}S^*}$ 下降，表明随着政府和产业合作组织对生猪养殖户抗生素使用行为监管力度的下降，可以通过降低违规使用抗生素行为获得的单位养殖收益来降低生猪养殖户违规使用抗生素行为的边际影响。

$$\frac{\mathrm{d}^2\Delta R}{\mathrm{d}p\mathrm{d}N} = -\frac{1-\delta^T}{1-\delta} < 0 \qquad (3\text{-}14)$$

由式(3-14)可知，如果生猪养殖户违规使用抗生素行为被政府和产业合作组织发现的概率下降，那么 $\frac{\mathrm{d}\Delta R}{\mathrm{d}N}$ 上升，由于 $\frac{\mathrm{d}\Delta R}{\mathrm{d}N} < 0$，故 $\left|\frac{\mathrm{d}\Delta R}{\mathrm{d}N}\right|$ 下降，表明随着政府和产业合作组织对生猪养殖户抗生素的监管力度减弱，对发生违规使用抗生素行为养殖户增加处罚力度所起到的抑制生猪养殖户违规使用抗生素行为的边际影响降低。因此，若政府和行业组织降低对生猪养殖户违规使用抗生素行为的监管力度，则生猪养殖户发生违规使用抗生素行为的可能性更大。

$$\frac{\mathrm{d}^2\Delta R}{\mathrm{d}p\mathrm{d}S} = -\frac{1-\delta^T}{1-\delta} < 0 \qquad (3\text{-}15)$$

由式(3-15)可知，如果生猪养殖户违规使用抗生素行为被政府和产业合作组织发现的概率下降，那么 $\frac{\mathrm{d}\Delta R}{\mathrm{d}S}$ 上升，由于 $\frac{\mathrm{d}\Delta R}{\mathrm{d}S} < 0$，故 $\left|\frac{\mathrm{d}\Delta R}{\mathrm{d}S}\right|$ 下降，表明随着政府和行业组织对生猪养殖户使用抗生素的监管力度减弱，即使养殖户通过实施规范使用抗生素行为增加收入，对其实施规范使用抗生素行为的激励作用也会下降。

$$\frac{\mathrm{d}^2\Delta R}{\mathrm{d}p\mathrm{d}J} = -\frac{1-\delta^T}{1-\delta} < 0 \qquad (3\text{-}16)$$

由式(3-16)可知，如果生猪养殖户违规使用抗生素行为被政府和产业合作组织发现的概率下降，那么 $\frac{\mathrm{d}\Delta R}{\mathrm{d}J}$ 上升，由于 $\frac{\mathrm{d}\Delta R}{\mathrm{d}J} < 0$，故 $\left|\frac{\mathrm{d}\Delta R}{\mathrm{d}J}\right|$ 下降，表明随着政府和产业合作组织对生猪养殖户抗生素使用行为监管力度减弱，即使加大对

生猪养殖户的政府补贴和产业合作组织支持力度,对该类养殖户实施规范使用抗生素行为的激励作用也会下降。

$$\frac{\mathrm{d}^2 \Delta R}{\mathrm{d}p\mathrm{d}M} = -\frac{1-\delta^T}{1-\delta} < 0 \tag{3-17}$$

由式(3-17)可知,如果生猪养殖户违规使用抗生素行为被政府和产业合作组织发现的概率下降,那么 $\frac{\mathrm{d}\Delta R}{\mathrm{d}M}$ 上升,表明在政府和产业合作组织降低对抗生素使用行为的严格监管下,边际效益在额外经济收益的驱动下不断增加,使生猪养殖户更加倾向于违规使用抗生素行为。

由此得出,在政府和行业组织降低对违规使用抗生素行为的监管水平条件下,其他制度举措(例如,增加规范使用抗生素行为获得的养殖收益、提高规范使用抗生素行为获得的政府补贴和行业组织扶植程度、减少违规使用抗生素行为带来的额外收入以及增加由此引起的处罚)效果会随之下降,生猪养殖户会增加违规使用抗生素的概率。所以,政府和产业合作组织应增加对违规使用抗生素行为的监管力度,增加违规使用抗生素行为的暴露概率,以此作为促进养殖户科学实施规范使用抗生素行为的首要途径,通过政策和法令制度保障食品安全和公共卫生安全。

综上所述,生猪养殖户通过实施规范使用抗生素行为所获心理慰藉的隐性收益和违规使用抗生素行为带来的心理压力成本与养殖户个体特征有关;生猪养殖户违规使用抗生素行为被政府和产业合作组织发现的概率、违规使用抗生素行为被发现后支付的罚款以及实施规范使用抗生素行为获得的政府补贴和产业合作组织支持与政府规制、产业合作组织有关;生猪养殖户实施规范使用抗生素行为获得的养殖收益、违规使用抗生素获得的额外收益,以及违规使用抗生素被发现后获得的养殖收入与市场因素、生猪养殖户经营特征、养殖规模等因素有关。结合目前生猪养殖户的实际经营状况可以看出,其抗生素使用行为受到政府规制、市场因素、产业合作组织、养殖规模、养殖户个体特征和经营特征等因素的共同作用。

## 3.2 生猪养殖户抗生素使用行为的博弈分析

### 3.2.1 生猪养殖户之间的博弈分析

生猪养殖户抗生素使用行为与消费者是否掌握生猪产品的抗生素使用信息紧密相关。本小节主要进行生猪养殖户之间抗生素使用行为的博弈分析，具体分为完全信息静态博弈、不完全信息条件下非合作博弈和多次重复博弈三个部分，为了便于研究，假设只有甲、乙两个生猪养殖户参与博弈。对各行为主体的假设如下。

假设1：生猪养殖户使用抗生素面临两个选择：规范使用抗生素或者违规使用抗生素。

假设2：规范使用抗生素生产的生猪产品质量好，成本高；违规使用抗生素生产的生猪产品质量差，成本低。

(1)完全信息静态博弈。参与博弈的甲、乙两个生猪养殖户，由于信息完全公开，假定规范使用抗生素生产的生猪产品的成本是 $C_1$，违规使用抗生素生产的生猪产品的成本是 $C_2$，$C_1 > C_2$。甲、乙生猪养殖户的市场份额分别是 $Q_1$ 和 $Q_2$，生猪产品价格分别是 $P_1$ 和 $P_2$。在完全信息条件下，生猪养殖户规范使用抗生素是严格占优战略，生猪养殖户在利益驱动下会选择规范使用抗生素，从而达到合作的纳什均衡。完全信息条件下生猪养殖户抗生素使用的收益矩阵如表3-1所示。

表3-1 完全信息条件下生猪养殖户之间的博弈矩阵

| 博弈参与者 | | 生猪养殖户乙 | |
|---|---|---|---|
| | | 规范用药 | 违规用药 |
| 生猪养殖户甲 | 规范用药 | $Q_1 \times (P_1 - C_1)$, $Q_2 \times (P_2 - C_1)$ | $(Q_1 + Q_2) \times (P_1 - C_1)$, 0 |
| | 违规用药 | 0, $(Q_1 + Q_2) \times (P_2 - C_2)$ | 0, 0 |

在完全信息条件下，无论生产成本与价格如何，生猪养殖户都会选择规范使用抗生素，以获得最大收益。

(2)不完全信息条件下非合作博弈。参与博弈的甲、乙两个生猪养殖户，假定规范使用抗生素生产生猪产品的成本是 $C_1$，违规使用抗生素生产生猪产品

的成本是 $C_2$, 且 $C_1 > C_2$。甲、乙生猪养殖户的市场份额分别是 $Q_1$ 和 $Q_2$, 生猪产品价格分别是 $P_1$ 和 $P_2$。不完全信息条件下生猪养殖户之间的收益矩阵如表 3-2 所示。

表 3-2　不完全信息条件下生猪养殖户之间的博弈矩阵

| 博弈参与者 | | 生猪养殖户乙 | |
| --- | --- | --- | --- |
| | | 规范用药 | 违规用药 |
| 生猪养殖户甲 | 规范用药 | $Q_1 \times (P_1 - C_1)$, $Q_2 \times (P_2 - C_1)$ | $Q_1 \times (P_1 - C_1)$, $Q_2 \times (P_2 - C_2)$ |
| | 违规用药 | $Q_1 \times (P_1 - C_2)$, $Q_2 \times (P_2 - C_1)$ | $Q_1 \times (P_1 - C_2)$, $Q_2 \times (P_2 - C_2)$ |

因为 $C_1 > C_2$, 所以 $Q_1 \times (P_1 - C_2) > Q_1 \times (P_1 - C_1)$, $Q_2 \times (P_2 - C_2) > Q_2 \times (P_2 - C_1)$, 即生猪养殖户规范使用抗生素生产生猪产品是严格劣战略, 此时生猪养殖户在利益的驱动下就会违规使用抗生素, 以获得最大利益。

通过上述博弈发现, 如果在生猪产品市场上, 交易双方信息完全, 那么质量安全的生猪产品能够以更高的价格销售出去, 为了谋求更高的利润, 生猪养殖户会倾向于规范用药, 出栏质量安全的生猪。然而在现实的生猪收购中, 生猪产品质量安全水平良莠不齐, 大部分收购商仅仅凭借感官检疫(目前对兽用抗生素残留和高风险兽用抗生素的检疫技术成本较高), 造成买卖双方关于生猪产品质量安全信息的不对称。作为掌握信息的优势方, 养殖户更倾向于违规使用抗生素, 降低养殖成本, 追求更高收益。

(3) 多次重复博弈。随着生产者之间多次博弈, 信息会由完全不公开向完全公开转换, 违规使用抗生素生产的生猪产品的市场份额会逐渐减少。经过 $n$ 轮博弈之后, 生猪养殖户的博弈矩阵如表 3-3 所示。

表 3-3　生猪养殖户之间的 $n$ 轮博弈矩阵

| 博弈参与者 | | 生猪养殖户乙 | |
| --- | --- | --- | --- |
| | | 规范用药 | 违规用药 |
| 生猪养殖户甲 | 规范用药 | $Q_1 \times (P_1 - C_1)$, $Q_2 \times (P_2 - C_1)$ | $(Q_1 + \delta_1 + \delta_2 + \cdots + \delta_n) \times (P_1 - C_1)$, $(Q_2 - \delta_1 - \delta_2 - \cdots - \delta_n) \times (P_2 - C_2)$ |
| | 违规用药 | $(Q_1 - \delta_1 - \delta_2 - \cdots - \delta_n) \times (P_1 - C_2)$, $(Q_2 + \delta_1 + \delta_2 + \cdots + \delta_n) \times (P_2 - C_1)$ | $(Q_1 - \delta_1 - \delta_2 - \cdots - \delta_n) \times (P_1 - C_2)$, $(Q_2 - \delta_1 - \delta_2 - \cdots - \delta_n) \times (P_2 - C_2)$ |

当消费者购买违规用药生产的生猪产品后, 会减少对该生猪产品的购买, 故违规用药生产的生猪产品的市场份额会减少, 假设市场份额减少量为 $\delta_i$, 规范用药生产的生猪产品的市场份额就会增加 $\delta_i$。经过 $n$ 轮博弈, 如果生猪养殖

户甲规范使用抗生素，生猪养殖户乙违规使用抗生素，当 $Q_2 = \sum S_n$ 时，甲的收益为 $(Q_1+Q_2) \times (P_1-C_1)$，即甲垄断市场，乙的收益为 0，退出市场。如果甲违规使用抗生素，乙规范使用抗生素，经过 $n$ 轮博弈，甲的收益降为 0，退出市场，乙的收益为 $(Q_1+Q_2) \times (P_2-C_1)$，乙垄断市场。如果甲、乙都违规使用抗生素，经过 $n$ 轮博弈，甲、乙最终都会被市场淘汰。最稳定的是甲、乙均规范使用抗生素，获得的收益分别是 $Q_1 \times (P_1-C_1)$ 和 $Q_2 \times (P_2-C_1)$。经过 $n$ 轮博弈，最终的纳什均衡如表 3-4 所示。

表 3-4　生猪养殖户之间的 $n$ 轮纳什均衡

| 博弈参与者 | | 生猪养殖户乙 | |
|---|---|---|---|
| | | 规范用药 | 违规用药 |
| 生猪养殖户甲 | 规范用药 | $Q_1 \times (P_1-C_1)$，$Q_2 \times (P_2-C_1)$ | $(Q_1+Q_2) \times (P_1-C_1)$，0 |
| | 违规用药 | 0，$(Q_1+Q_2) \times (P_2-C_1)$ | 0，0 |

通过表 3-4 可以看出，甲、乙生猪养殖户同时选择规范用药是最优策略选择，否则将会被淘汰，退出市场。也就是说，通过市场的自我调节，可以实现规范用药的目的。但目前我国生猪养殖户与消费者存在着数量多、分布广、规模小的特点，市场机制不健全，普通消费者无法有效识别生猪产品质量高低，信息存在着严重的不对称性与不完全性，导致生猪养殖户违规使用抗生素的概率大大提升。因此，市场机制是否完善、是否可以将生猪产品质量信号传递给消费者、消费者是否可以识别生猪产品质量安全、"少抗""无抗"生猪产品是否可以卖上较高的价钱是影响生猪养殖户规范使用抗生素的重要因素。

### 3.2.2　生猪养殖户与政府的博弈分析

缓解生猪市场质量安全方面的逆向选择现象，保障大众消费生猪的食品安全，需要政府有关部门进行规制。不过，政府有关部门将会权衡规制的成本与收益，只有当规制收益大于规制成本时，有关部门才会采取规制措施。同样，养殖户在做兽用抗生素使用决策时，也会考虑政府规制所带来的外部成本，只有当规范用药的收益大于不规范用药的收益时，养殖户才倾向规范用药。下面构建政府部门与生猪养殖户之间的博弈矩阵，为使分析简便，假设只存在一个生猪产业政府规制部门和一个生猪养殖户，运用单阶段静态博弈，考察各类政府规制因素对养殖户不规范使用抗生素行为的影响。博弈中，政府规制部门可以选择对养殖户进行规制和不规制两种策略，而养殖户在养殖生猪时可以选择不规范使用抗生素和规范使用抗生素两种策略（表 3-5）。具体假设如下。

假设 1：政府部门选择对养殖户规制的概率为 $p$，选择对养殖户不规制的概率为 $1-p$；规制成本是 $C_1$（包括立法、检查、信息收集与处理等费用）；政府为养殖户提供的补贴等激励政策是 $W$；选择对养殖户兽用抗生素使用行为不规制时要承担的信誉损失是 $S$，这里主要指政府"不作为"导致公众满意度的下降。

假设 2：养殖户在生猪养殖过程中，选择不规范使用抗生素的概率是 $q$，选择规范使用抗生素的概率是 $1-q$。养殖户选择规范使用抗生素能获得的利润是 $R$，如果不规范使用抗生素还可另外获得超额利润 $M$。

假设 3：政府部门采取规制措施时，发现不规范使用抗生素的养殖户的概率为 $\lambda$，一旦发现将会对养殖户进行 $g$ 的处罚，假定处罚力度与政府检查成本之间存在正相关关系，前者随后者数额的增加而递增。为给下文的实证分析带来便利，使用政府对生猪出栏前的检验检疫 $m$ 和养殖过程监管 $n$ 来衡量政府检查成本，即 $g=g(m, n)$，则有 $\partial g/\partial m>0$，$\partial g/\partial n>0$。也就是说，政府加强出栏生猪检疫力度和兽用抗生素使用监管，支出的检查成本会随之增加，因此一旦发现养殖户存在不规范使用抗生素行为，必定会增加处罚力度。

**表 3-5　政府规制和养殖户兽用抗生素使用行为博弈矩阵**

| | | 养殖户兽用抗生素使用行为 | |
| --- | --- | --- | --- |
| | | 不规范使用抗生素 $q$ | 规范使用抗生素 $1-q$ |
| 政府 | 规制 | $\lambda g(m, n)-C_1$, $R+M-\lambda g(m, n)-\lambda C_2$ | $-C_1-W$, $R+W$ |
| | 不规制 | $-S$, $R+M$ | $0$, $R$ |

给定 $q$，政府选择规制（$p=1$）和不规制（$p=0$）的期望收益分别为：

$$\pi_g(1, q)=\left[\lambda g(m, n)-C_1\right]q+(-C_1-W)(1-q)$$
$$=\left[\lambda g(m, n)+W\right]q-W-C_1$$

$$\pi_g(0, q)=-Sq+0(1-q)=-Sq$$

解 $\pi_g(1, q)=\pi_g(0, q)$，得 $q^*=\dfrac{W+C_1}{\lambda g(m, n)+W+S}$。即如果养殖户不规范使用抗生素的概率小于 $q^*$，则政府的最优选择是不规制；如果养殖户不规范使用抗生素的概率大于 $q^*$，则政府的最优选择是规制；如果养殖户不规范使用抗生素的概率等于 $q^*$，则政府随机选择规制或者不规制。

给定 $p$，养殖户选择不规范使用抗生素或者规范使用抗生素的预期收益分别为：

$$\pi_f(p, 1) = [R+M-\lambda g(m, n)-\lambda C_2]p+(R+M)(1-p)$$
$$= -\lambda[g(m, n)+C_2]p+R+M$$

$$\pi_f(p, 0) = (R+W)p+R(1-p) = Wp+R$$

解 $\pi_f(p, 1) = \pi_f(p, 0)$，得 $p^* = \dfrac{M}{\lambda[g(m, n)+C_2]+W}$。即假定政府规制的

概率小于 $p^*$，则养殖户的最佳选择是违规使用抗生素；假定政府规制的概率大于 $p^*$，则养殖户会首选规范使用抗生素；假定政府规制的概率等于 $p^*$，则养殖户会根据经营的实际情况随机选择违规使用抗生素和规范使用抗生素。

因此，混合战略纳什均衡是：$p^* = \dfrac{M}{\lambda[g(m, n)+C_2]+W}$，$q^* = \dfrac{W+C_1}{\lambda g(m, n)+W+S}$，即政府相关部门会以 $p^* = \dfrac{M}{\lambda[g(m, n)+C_2]+W}$ 的概率执行规制行为，养殖户在使用兽用抗生素过程中会以 $q^* = \dfrac{W+C_1}{\lambda g(m, n)+W+S}$ 的概率不规范使用抗生素。现实中，这个均衡可以解释为：市场中有众多养殖户，其中有 $q^* = \dfrac{W+C_1}{\lambda g(m, n)+S+W}$ 比例的养殖户选择不规范使用抗生素，而政府相关部门以 $p^* = \dfrac{M}{\lambda[g(m, n)+C_2]+W}$ 的比例随机对养殖户的兽用抗生素使用情况进行检查。

生猪养殖户不规范使用抗生素的概率与政府规制成本 $C_1$、被政府发现的概率 $\lambda$、政府的处罚力度 $g(m, n)$、政府不规制的信誉损失 $S$，以及政府对规范使用抗生素养殖户的奖励 $W$ 有关。在其他变量一定的条件下，由 $\partial q^*/\partial C_1>0$ 可知，政府对养殖户的规制成本越高，养殖户不规范使用抗生素的概率越大；由 $\partial q^*/\partial S<0$ 可知，政府的信誉损失越高，养殖户不规范使用抗生素的概率越低；由 $\partial q^*/\partial m<0$，$\partial q^*/\partial n<0$，$\partial q^*/\partial \lambda<0$ 可知，政府相关部门对出栏生猪加大检验检疫力度、强化对养殖过程的监管以及养殖户被发现的概率，都对养殖户规范使用抗生素起到了促进作用。

政府相关部门规制的概率与养殖户不规范使用抗生素时获取的超额利润 $M$、被政府发现的概率 $\lambda$、政府对其的处罚力度 $g(m, n)$、养殖户的信誉损失 $C_2$ 以及政府对规范使用抗生素养殖户的奖励 $W$ 有关。在其他变量一定的条件下，由 $\partial p^*/\partial M>0$ 可知，生猪养殖户通过不规范使用抗生素获得的超额利润越大，

政府部门规制的概率越大；而由 $\partial p^*/\partial\lambda<0$ 和 $\partial p^*/\partial g<0$ 可知，如果政府能够及时发现养殖户不规范使用抗生素行为，并且加大处罚力度，那么将会降低政府规制的概率，减轻规制支出的财政负担。

综上所述，政府规制措施，例如对预出栏生猪实施检验检疫和对生猪养殖过程实施监管等，对于养殖户规范使用抗生素具有积极的促进作用；同时，政府相关部门应充分运用先进的检验技术和管理手段，提升养殖户不规范使用抗生素被发现的概率，并且适当提高其违法违规用药的外部成本。只有综合考虑，统筹安排上述多种因素，才能在实现引导农户在养殖过程中更加科学规范地用药的同时，减少政府规制支出。

### 3.2.3 生猪养殖户与产业合作组织的博弈分析

正如前文分析，政府规制对养殖户规范用药发挥了一定作用。然而我国养殖规模小，养殖户数量众多，有限的监管力量根本无法实现对监管对象的全面监管。因此，单纯依靠政府对养殖户实施用药监管费用较大，效率也不高。与政府规制部门相比，产业合作组织的优势在于三个方面：一是信息成本低。作为同行，对生猪产品的质量安全信息非常了解，而政府为了获取这些信息，则需要支付高额的成本。二是预防治理快。政府部门往往是在食品安全事件发生后，加大监管惩处力度，多数属于事后补救治理。而产业合作组织由于能更及时地掌握行业内部的违规信息，可以主动干预业内违规用药行为，实现食品安全的事前预防治理。三是监督动力足。产业合作组织的命运与生猪养殖行业的健康持续发展息息相关，因此，与政府部门相比，产业合作组织更有动力自发地去监督和纠正行业内的违规用药行为。本书分两方面做博弈分析：一是生猪养殖户加入产业合作组织的博弈分析；二是产业合作组织与生猪养殖户规范使用抗生素的博弈分析。

(1)生猪养殖户加入产业合作组织的博弈。作为生猪养殖生产的主体，生猪养殖户是否加入产业合作组织是其理性行为的表现。在我国农村社会中，风俗习惯是生猪养殖户行为普遍遵循的规律，与其固有思维模式密切相关，在改变固有思维模式过程中，生猪养殖户普遍依据"差序格局"进行学习、调整和模仿，同时，只要存在合作收益或者合作收益大于合作成本，生猪养殖户便会主动进行学习、调整和模仿。

假设1：假设只有甲和乙两个生猪养殖户在博弈局中，作为理性经济人，以追求自身利益最大化为目标，其生产行为具有较强的目的性并且不考虑社会成本。甲和乙两个生猪养殖户加入产业合作组织前的平均收益为 $R_0$，同时加入产业合作组织后的平均收益为 $R_1$，若单方加入产业合作组织，由于可以独自获得来自产业合作组织提供的支持，加入方的收益为 $R_2$，不加入方的收益仍然为 $R_0$。

假设 2：生猪养殖户按照与产业合作组织签订协议的规定规范使用抗生素所付出的生产成本为 $C_1$，不加入则按照违规使用抗生素所付出的生产成本为 $C_2$。一般来说，加入产业合作组织获得的净收益应大于不加入产业合作组织获得的净收益，按照协议规定的生产标准所付出的成本也应大于不加入产业合作组织所付出的成本，即 $R_2 > R_1 > R_0$，$C_1 > C_2$。

基于上述假设可知，当生猪养殖户甲和生猪养殖户乙都选择加入产业合作组织时，各自的收益均为 $R_1 - C_1$；当生猪养殖户甲（乙）选择加入产业合作组织，生猪养殖户乙（甲）选择不加入产业合作组织时，选择加入产业合作组织的生猪养殖户收益为 $R_2 - C_1$，而选择不加入产业合作组织的生猪养殖户收益为 $R_0 - C_2$；当生猪养殖户甲和生猪养殖户乙都选择不加入产业合作组织时，各自的收益均为 $R_0 - C_2$。生猪养殖户之间选择加入产业合作组织的博弈结果如表 3-6 所示。

表 3-6　生猪养殖户之间选择加入产业合作组织的博弈矩阵

| 博弈参与者 | | 生猪养殖户乙 | |
|---|---|---|---|
| | | 加入 | 不加入 |
| 生猪养殖户甲 | 加入 | $R_1-C_1$，$R_1-C_1$ | $R_2-C_1$，$R_0-C_2$ |
| | 不加入 | $R_0-C_2$，$R_2-C_1$ | $R_0-C_2$，$R_0-C_2$ |

根据生猪养殖户甲和生猪养殖户乙博弈模型的纳什均衡解的存在条件，"加入产业合作组织，加入产业合作组织"和"不加入产业合作组织，不加入产业合作组织"两个策略中一定有一个为模型的纳什均衡，而 $R_1 - C_1 > R_0 - C_2$ 是生猪养殖户甲和生猪养殖户乙选择"加入产业合作组织，加入产业合作组织"的重要前提。因此，产业合作组织只有不断增加生猪养殖户加入其后的平均收益、降低生猪养殖户按照与其签订协议规定规范使用抗生素所付出的生产成本，促使生猪养殖户加入其后的纯收益大于加入前的纯收益，才能吸引更多生猪养殖户加入。假设生猪养殖户加入产业合作组织后，产业合作组织会为生猪养殖户提供生产资料和信息技术服务，产业合作组织提供的组织支持对生猪养殖户规范使用抗生素产生激励作用。

　　如图 3-1 所示，横坐标表示生猪养殖户规范使用抗生素的积极性，生猪养殖户规范使用抗生素的概率随着其积极性的提高而增大；纵坐标表示生猪养殖户加入产业合作组织后获得的组织支持，$K_a$ 为斜率不变情况下生猪养殖户规范使用抗生素的积极性曲线。产业合作组织给生猪养殖户提供的组织支持越多，生猪养殖户按照与产业合作组织签订协议规定规范使用抗生素所付出的生产成本越低，其规范使用抗生素的积极性越高。当产业合作组织给生猪养殖户提供的组织支持一定时，产业合作组织加大对生猪养殖户的监管力度，生猪养殖户规范使用抗生素积极性曲线会从 $K_a$ 向右平移至 $K_b$，生猪养殖户规范使用抗生素的积极性增强（$OC$ 大于 $OA$），生猪养殖户规范使用抗生素的概率增大。产业合作组织加大组织支持力度对生猪养殖户规范使用抗生素产生影响，使生猪养殖户规范使用抗生素的积极性曲线斜率发生变化，即由 $K_a$ 变为 $K_c$，生猪养殖户规范使用抗生素的积极性为 $OB$ 时，产业合作组织提供的组织支持程度 $OF$ 大于 $OE$，说明生猪养殖户在加入产业合作组织后对规范使用抗生素的关注程度和积极性更高；产业合作组织减小组织支持力度对生猪养殖户规范使用抗生素产生影响，使生猪养殖户规范使用抗生素积极性曲线的斜率发生变化，即由 $K_a$ 变为 $K_d$，生猪养殖户规范使用抗生素的积极性为 $OB$ 时，产业合作组织提供的组织支持程度 $OF$ 小于 $OG$，说明生猪养殖户在加入产业合作组织后需要产业合作组织提供更多的组织支持以维持其规范使用抗生素的积极性。因此，产业合作组织需要对激励约束机制有正确的认识，通过适合的激励约束机制促进生猪养殖户规范使用抗生素。

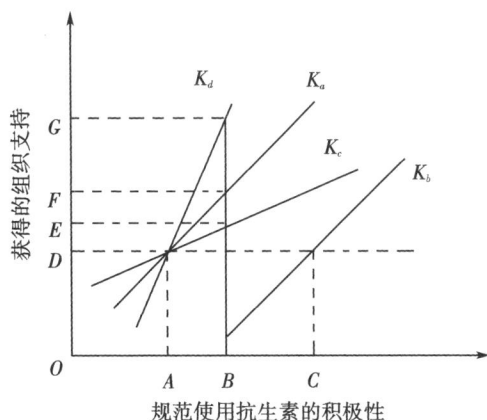

图 3-1　产业合作组织提供的组织支持与生猪养殖户规范使用抗生素的关系

（2）产业合作组织与生猪养殖户规范使用抗生素的博弈。在产业合作组织中，一个重要的合作基础是产业合作组织内的生猪养殖户要遵循协议规定规范使用抗生素。为了便于分析，假设只有一个产业合作组织和一个生猪养殖户进行单阶段静态博弈。产业合作组织和生猪养殖户都是理性经济人，根本目标都是追求自身经济利益最大化。对于产业合作组织而言，产业合作组织与生猪养殖户合作的预期收益要大于非合作的预期收益，同时，产业合作组织不会先于生猪养殖户违规[1]，产业合作组织对生猪养殖户抗生素使用行为进行的监管是有效的，即只要产业合作组织进行监管，生猪养殖户违规使用抗生素行为就会被发现。对两个行为主体做如下假设。

假设1：产业合作组织对生猪养殖户抗生素使用行为监管的概率为 $m$，生猪养殖户违规使用抗生素的概率为 $n$，则产业合作组织与生猪养殖户的行为选择为 $(m, n)$。

假设2：产业合作组织和生猪养殖户履行合同获得的预期收益分别为 $R_a$ 和 $R_b$，产业合作组织监管的成本为 $C$，生猪养殖户违规使用抗生素没有被产业合作组织发现获得额外收益为 $R$，产业合作组织因生猪养殖户违规使用抗生素而遭受的损失为 $S$，生猪养殖户违规使用抗生素被产业合作组织惩罚的概率为 $p$，生猪养殖户违规使用抗生素被产业合作组织发现后受到的经济处罚为 $T$，声誉损失为 $U$。产业合作组织和生猪养殖户之间的博弈结果如表3-7所示。

**表3-7　产业合作组织和生猪养殖户之间的博弈分析矩阵**

| 博弈参与者 | | 生猪养殖户 | |
| --- | --- | --- | --- |
| | | 规范用药 | 违规用药 |
| 产业合作组织 | 监管 | $R_a+pT-C$, $R_b-pT-pU$ | $R_a-C$, $R_b$ |
| | 不监管 | $R_a-S$, $R_b+R$ | $R_a$, $R_b$ |

关于产业合作组织监管行为选择的概率。产业合作组织对生猪养殖户抗生素使用行为监管的概率为 $m$，生猪养殖户违规使用抗生素的概率 $n=1$，生猪养殖户规范使用抗生素的概率 $n=0$，则生猪养殖户的预期收益可以表示为：

$$Ef(m, 1) = m(R_b-pT-pU)+(1-m)(R_b+R) = R_b+R-m(pT+pU+R)$$

$$(3-18)$$

$$Ef(m, 0) = mR_b+(1-m)R_b = R_b \qquad (3-19)$$

---

[1] 为了便于分析，不考虑产业合作组织违规对生猪养殖户的影响。

当生猪养殖户违规使用抗生素的预期收益等于规范使用抗生素的预期收益时，可以得到产业合作组织监管的概率 $m$：

$$Ef(m, 0) = Ef(m, 1) \tag{3-20}$$

$$m^* = \frac{R}{pT+pU+R} \tag{3-21}$$

由式（3-21）可知，产业合作组织对生猪养殖户抗生素使用行为监管的概率临界点为 $m^* = \dfrac{R}{pT+pU+R}$。当产业合作组织对生猪养殖户抗生素使用行为监管的概率 $m \in \left[0, \dfrac{R}{pT+pU+R}\right]$ 时，生猪养殖户违规使用抗生素是最优选择；当产业合作组织对生猪养殖户抗生素使用行为监管的概率 $m \in \left(\dfrac{R}{pT+pU+R}, 1\right]$ 时，生猪养殖户规范使用抗生素是最优选择。生猪养殖户违规使用抗生素的概率空间为 $[0, m]$，产业合作组织加强监管是最优选择，降低生猪养殖户违规使用抗生素的概率。生猪养殖户违规使用抗生素没有被产业合作组织发现获得额外收益越小、产业合作组织对生猪养殖户违规使用抗生素的监管处罚力度越大，生猪养殖户违规使用抗生素的可能性越小。

关于生猪养殖户违规使用抗生素的概率。假设生猪养殖户违规使用抗生素的概率为 $n$，产业合作组织对生猪养殖户抗生素使用行为监管的概率 $m=1$，产业合作组织对生猪养殖户抗生素使用行为不监管的概率 $m=0$，则产业合作组织的预期收益可以表示为：

$$Ef(1, n) = n(R_a + pT - C) + (1-n)(R_a - C) = R_a + npT - C \tag{3-22}$$

$$Ef(0, n) = n(R_a - S) + (1-n)R_a = R_a - nS \tag{3-23}$$

当产业合作组织对生猪养殖户抗生素使用行为监管的预期收益等于不监管的预期收益时，可以得到生猪养殖户违规使用抗生素的概率 $n$：

$$Ef(1, n) = Ef(0, n) \tag{3-24}$$

$$n^* = \frac{C}{pT+S} \tag{3-25}$$

由式（3-25）可知，生猪养殖户违规使用抗生素的概率临界点为 $n^* = \dfrac{C}{pT+S}$。当生猪养殖户违规使用抗生素的概率 $n \in \left[0, \dfrac{C}{pT+S}\right)$ 时，产业合作组织不对生猪养殖户抗生素使用行为监管是最优选择，此时产业合作组织的预期收益大于生猪养殖户违规使用抗生素造成的损失；当生猪养殖户违规使用抗生素的概率 $n \in \left( \dfrac{C}{pT+S}, \ 1 \right]$ 时，产业合作组织对生猪养殖户抗生素使用行为监管是最优选择，此时生猪养殖户违规使用抗生素造成的损失大于产业合作组织不监管的预期收益。产业合作组织对生猪养殖户抗生素使用行为监管的概率空间为 $[\,n,\ 1\,]$，降低概率就可以有效扩展产业合作组织对生猪养殖户抗生素使用行为的监管空间。产业合作组织监管的成本越低、产业合作组织因生猪养殖户违规使用抗生素而遭受的损失越大、产业合作组织对生猪养殖户违规使用抗生素的监管处罚力度越大，产业合作组织对生猪养殖户违规使用抗生素行为监管的可能性越大。

提高生猪养殖户违规使用抗生素被产业合作组织惩罚的概率、加大生猪养殖户违规使用抗生素被产业合作组织发现后受到的经济处罚和声誉损失、降低生猪养殖户违规使用抗生素没有被产业合作组织发现获得的额外收益，可以压缩生猪养殖户违规使用抗生素的空间。降低产业合作组织监管的成本、提高生猪养殖户违规使用抗生素被产业合作组织惩罚的概率和发现后受到的经济处罚力度等，可以有效扩展产业合作组织对生猪养殖户违规使用抗生素行为的监管空间。

## ◢◣◤ 3.3  生产函数与生猪养殖户抗生素使用行为收入效应

兽用抗生素属于养殖生产投入品，对于农业生产投入品生产率的测度，学者们最常用的方法是 C-D 生产函数，即柯布–道格拉斯生产函数。有学者利用 C-D 生产函数对美国玉米种植户农药使用数据，估计农药的边际生产力。还有学者运用 C-D 生产函数评估水稻种植户农药使用效率，并且提出造成农药边际生产率下降的原因在于病虫害对所施用农药产生了抗性。Hayes 等发现使用促生长用途抗生素提高了平均每日增重和饲料转化率，并且降低了生猪死亡率。不过也有学者持不同意见，Dritz 等通过实验对比发现，抗生素对保育阶段的生猪生长影响较大，而对育肥阶段的生猪生长影响不明显。

有学者提出，与一般生产投入要素不同，农药、兽药等通过抑制病虫害或动物疫病来减少产量损失，属于损害控制型投入。如果作为直接投入衡量农药、兽药效率,其边际生产率往往被高估,对农药、兽药等特殊生产要素的边际生产率估算,应该借助损害控制模型。借助损害控制模型测算我国水稻种植户的农药边际生产率,结果显示农药边际生产率低的重要原因之一是农药使用效率低下。还有学者利用损害控制模型测算抗生素/兽药的边际生产率,例如,对美国生猪养殖户促生长用途抗生素使用情况估计发现,抗生素投入增加可以显著增加养殖户的养殖收益。我国学者对生猪养殖户兽药边际生产率进行测算,发现部分生猪养殖户兽药边际生产率接近 0,表明兽药使用已经过量。本书构建 C-D 生产函数表述为:

$$Y = \alpha \Big[ \prod_{i=1}^{n} (X_i)^{\beta_i} \Big] \times (Q_i)^{\delta} \tag{3-26}$$

式(3-26)中,$Y$ 表示生猪产量;$Q_i$ 表示生猪养殖户抗生素使用行为,包括生猪养殖户抗生素减用途使用行为 $Q_1$,生猪养殖户抗生素减量使用行为 $Q_2$;$X_i$ 表示对生猪产量产生影响的其他生产要素投入,包括仔猪投入、饲料投入和劳动力投入等;$\alpha$, $\beta_i$, $\delta$ 表示待估系数。

鉴于前文对抗生素与生产率关系的文献梳理,我们推断,关于生猪养殖户抗生素减用途使用行为,生猪养殖户无法将抗生素应用于动物促生长和预防疾病用途,导致生猪生产率下降;而养殖户抗生素减量使用行为,即低于抗生素最优使用量行为,将导致生猪生产率降低。最后生产率的下降将直接影响生猪养殖户净收入水平。

## 3.4 外部性理论与生猪养殖户抗生素使用行为综合效益

### 3.4.1 生猪养殖户抗生素使用行为外部性

20 世纪初,马歇尔与庇古从经济学角度提出了外部性概念。外部性指生产者或消费者因为自己的行为对旁观者福利产生了有利/不利的影响,而这种影响带来的利益/损失,并不由生产者或消费者获得/承担。

依据定义,外部性又可以分为正外部性和负外部性:当生产者或消费者因为自己的行为给其他社会成员带来利益,自己却得不到补偿时,这种行为就产生了正外部性，此行为带来的私人利益小于社会利益；当生产者或消费者因为自己的行为给其他社会成员造成损害，自己却不需要为损害赔偿时，这种行为就产生了负外部性，此行为造成的私人成本小于对整个社会造成的损害。

外部性会导致市场失灵，如果仅仅依靠市场的价格机制，不法生产者就有可能损害消费者和正规生产者的利益，而难以追究其造成损害的责任。同时他们还可以得到正规生产者带来的边际收益。因此，这就需要政府来干预，政府干预的基本原则就是"外部效应内部化"，即构筑一种制度，让产生外部正效应的行为人获得比在市场自由作用下更多的收益，让产生外部负效应的行为人承担比在市场自由作用下更多的成本。

生猪养殖户抗生素使用量存在负外部性①。由于生猪养殖户使用抗生素的政府规制后的私人边际成本（$MPC$）与社会边际成本（$MSC$）发生了偏离，在没有政府干预情况下，生猪养殖户会仅仅从自身利益来决定抗生素使用量，忽视负外部性带给社会的成本损失，社会边际成本损失（$MD$）等于社会边际成本与私人边际成本的差值。$MD=MSC-MPC$，如图3-2所示。

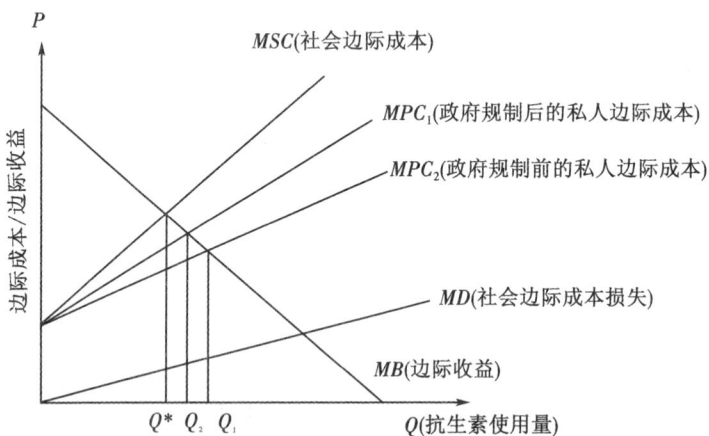

图 3-2　使用抗生素的负外部性

---

① 为了行文简便和便于理解，这里只阐述生猪养殖户抗生素使用量有关的外部性，至于生猪养殖户抗生素用途有关的外部性与其类似，不再赘述。

从生猪养殖户角度看，当 $MPC$ 小于 $MB$ 时，他会继续使用抗生素；当 $MPC$ 大于 $MB$ 时，他就会停止使用抗生素。由此得出生猪养殖户抗生素私人最优使用量是 $MPC$ 和 $MB$ 的交点，抗生素使用水平为 $Q_1$。从社会角度来看，当 $MSC$ 小于 $MB$ 时，养殖户应该继续使用抗生素；当 $MSC$ 大于 $MB$ 时，养殖户应该停止使用抗生素。由此得出养殖户抗生素社会最优使用量是 $MSC$ 和 $MB$ 的交点，抗生素使用水平为 $Q^*$。由于 $Q^*$ 小于 $Q_1$，生猪养殖户抗生素使用量超过了社会最优使用量，导致社会效率降低，即外部不经济性。

如果采取政府规制等措施，可以将负外部性部分内部化，导致生猪养殖户使用抗生素的私人边际成本增大（$MPC_1$），导致生猪养殖户抗生素私人最优使用量向左移动，抗生素使用水平为 $Q_2$。$Q_2<Q_1$，与 $Q_1$ 相比，生猪养殖户实施了抗生素减量使用行为，整个社会的边际损害减少了。

## 3.4.2　生猪养殖户抗生素使用行为外部效应与综合效益

生猪养殖户实施抗生素减量使用行为可以有效减少外部边际损害，对公众具有正向外部效应，即生猪养殖户实施抗生素减量使用行为还产生社会效益和生态效益。

生猪养殖户减少抗生素使用对人类健康、动物健康以及资源环境存在正的生态效益。首先，生猪养殖户减少抗生素使用，有利于遏制细菌耐药，保障广大公众的公共卫生安全。其次，生猪养殖户减少抗生素使用，也就减少了动物食品中抗生素残留量，从而减少了对消费者的健康威胁，有利于保障食品安全。再次，生猪养殖户减少抗生素使用，随养殖动物排泄物进入外界环境中的抗生素将会减少，进而降低抗生素对资源环境的污染程度。最后，生猪养殖户减少抗生素使用，受益最直接的动物是被养殖生猪，减用抗生素可以减少致病菌细菌耐药的威胁，减少抗生素毒副作用对生猪肝肾等器官造成损伤及其体内菌群失调等问题。

另外，生猪养殖户减少抗生素使用在某些方面还存在一定的社会效益。例如，生猪养殖户减少抗生素使用可以有效降低生猪食品安全问题出现的概率，从而缓解社会对生猪食品安全的舆情关注甚至舆情焦虑；减少抗生素使用意味着生猪养殖户需要采取加强生物安全措施等方式减少生猪疫病的发生，这需要更多的劳动力投入，在增加劳动力投入成本的同时更多容纳了当地劳动力就业。

以往学者对养殖户抗生素使用行为的效益评价主要集中在与养殖户密切相关的经济效益，忽视了外部性造成的社会效益和生态效益。本书借鉴对其他类型农户行为综合效益评价的研究方法，首先构建评价指标体系并确定指标权重，然后运用模糊综合评价矩阵对生猪养殖户两组抗生素使用行为(即减用途使用行为和亚治疗使用行为、减量使用行为和超量使用行为)进行效益评价与对比分析，探究生猪养殖户不同的抗生素使用行为的经济效益、社会效益、生态效益以及综合效益，具体评价过程详见第8章。

## ◣◣ 3.5 逻辑框架

综上所述，如图3-3所示，本书首先基于公共卫生安全视角，依据细菌耐药形成特点和国家遏制动物源细菌耐药政策，将生猪养殖户抗生素使用行为划分为减用途和减量使用行为。其次，基于期望效用理论对生猪养殖户抗生素使用行为的产生机理进行分析，并且依据博弈论分析了政府规制、产业合作组织对生猪养殖户抗生素使用行为的影响。再次，运用C-D生产函数模型探究生猪养殖户抗生素减用途和减量使用行为对生产率与收入的影响。最后，依据外部性理论，重点考察生猪养殖户抗生素使用行为的外部效应，即综合效益评价体系中的社会效益和生态效益，并将经济效益与第2章的收入效应相互印证。

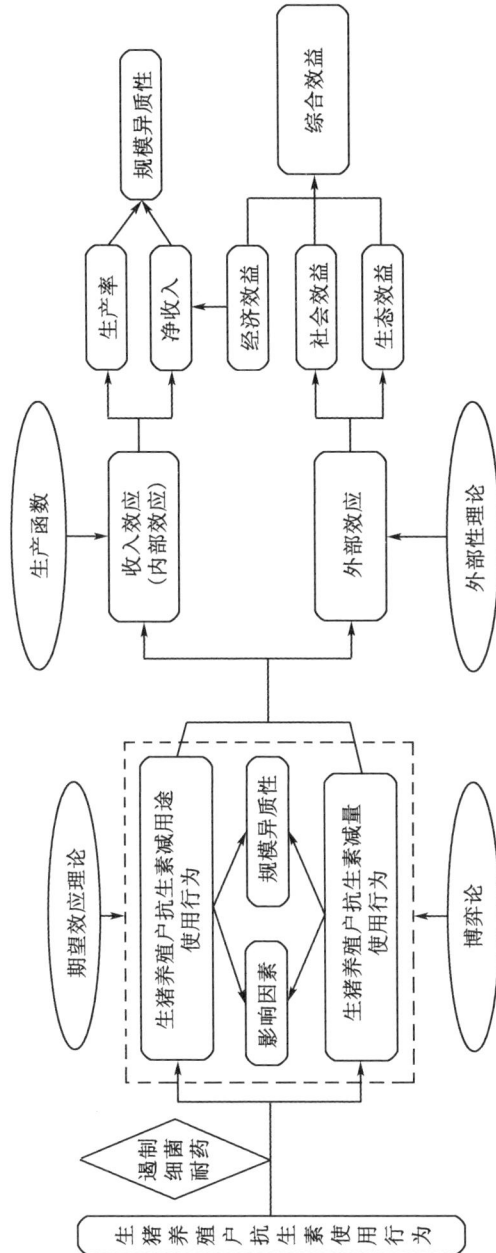

**图3-3 逻辑框架**

## 3.6 本章小结

本章首先依据期望效用理论分析生猪养殖户抗生素使用行为的发生机理，并且依据博弈论分析了政府规制、产业合作组织对生猪养殖户抗生素使用行为的影响；其次，运用 C-D 生产函数模型分析生猪养殖户抗生素减用途和减量使用行为对生产率与收入的影响；再次，依据外部性理论，分析生猪养殖户抗生素使用行为的外部效应，构建本研究逻辑框架；最后得出如下结论。

依据农户行为理论，生猪养殖户是否实施抗生素减用途和减量使用行为取决于该行为的期望总效用。生猪养殖户个体特征、经营特征、政府规制、市场因素、产业合作组织和养殖规模等因素，通过影响实施抗生素使用行为的期望总效用对生猪养殖户是否实施抗生素减用途和减量使用行为产生影响。通过博弈论进一步分析，表明强化政府规制中检验检疫、违规处罚力度、政策补贴等措施，将会对生猪养殖户实施抗生素减用途和减量使用行为产生积极影响。而加入产业合作组织与向产业合作组织成员提供信息服务也会推动生猪养殖户实施抗生素减用途和减量使用行为。另外，健全的"优质优价"的市场机制也能够在一定程度上提升生猪养殖户实施抗生素减用途和减量使用行为的积极性。生猪养殖户实施抗生素减用途和减量使用行为可能对生产率和净收入产生消极影响。由于外部性的存在，仅仅考察抗生素减用途和减量使用行为对生猪养殖户带来的负的内部效应是不全面的，还应该考量生猪养殖户实施抗生素减用途和减量使用行为对整个社会和生态环境带来的正向效应。

# 第4章 调查设计与样本描述性统计分析

本章首先介绍了问卷设计和数据来源情况，然后对调查样本的基本特征以及生猪养殖户抗生素使用行为进行描述性统计分析，其中包括生猪养殖户个体特征、经营特征、政府规制特征、产业合作组织特征、生猪养殖户抗生素减用途使用行为和减量使用行为的描述性分析。最后进一步对养殖户特征与生猪养殖户抗生素减用途使用行为和减量使用行为进行交叉分析，以期为本研究后续的实证分析以及政策建议提供现实依据。

## 4.1 问卷设计与数据来源

### 4.1.1 问卷设计

本书在以往研究成果的基础上，结合研究目标及生猪养殖生产经营情况，设计调查问卷，通过实地调研获得研究所需的一手数据，翔实掌握生猪养殖户抗生素使用行为状况，为后续研究提供基础。该问卷设计流程分为三个步骤。

首先，查阅现有文献并进行分类，梳理调研思路和内容，分析生猪养殖户抗生素使用行为的内涵以及可能的影响因素，结合生猪养殖实际情况，设计初始调查问卷。问卷以生猪养殖生产经营现状为出发点，从多方面分析养殖户关于抗生素使用过程中的"减抗""无抗"行为的影响因子，主要包括养殖户个体特征、经营特征、认知特征、养殖成本收益、风险类型、政府规制、产业合作组织以及社会规范等。

其次，进行调查问卷修正。邀请该领域经验丰富的专家和本课题组成员共同讨论初始调查问卷，结合以往经验及生猪养殖实际情况进行补充和修正，使调查问卷更具实践性、科学性和规范性，符合本书研究目的。专家组成员资质深厚，主要为沈阳农业大学教授、邢台市农业农村局畜牧兽医专家等。

再次，通过预调研检验并完善问卷。将修正后的问卷在河北省邢台市选取样本进行预调研，检验问卷是否存在歧义或逻辑不清等问题。对于存在问题的选项再次修正，形成正式的调研问卷用于研究，详见附录。

### 4.1.2 数据来源

本书的实证数据来源于 2018 年 1—2 月由课题组组织的河北省生猪养殖户抗生素使用行为的问卷调查。选择河北省作为调研省份有两个原因：一是按照农业部制定的《全国生猪生产发展规划（2016—2020 年）》，河北省属于我国生猪养殖重点发展地区，将发展成为稳定我国猪肉供给的核心区域。二是近年来，河北省猪肉产量一直保持在 275 万吨上下，稳居全国中上游水平，不存在大的产量波动。选择石家庄、唐山、保定和邢台作为样本城市，是由于这四个城市生猪养殖业发展态势好，出栏量高。2017 年，四城市猪肉产量占到河北省总产量的 58.9%[①]。

本次调查包括预调查和正式调查两个阶段。首先，课题组在邢台市开展了小规模预调查，并据此修正了养殖户容易出现理解偏差的词语，改善了某些让他们感到敏感的问题的提问方式，形成了最终的调查问卷。接着对调研人员进行了专门的培训，以保证获得数据准确可靠。然后对河北省石家庄、唐山、保定和邢台四市展开正式调查。具体抽样方法是，先从每个样本市分别选取若干个村(镇)，再从每个村(镇)随机选取受访的养殖户。为了确保回收问卷的质量，采用问卷为主、访谈为辅的调查方式，并且将调查对象限定为能够对生猪养殖发挥直接决策作用的家庭成员。针对四城市的大、中规模养殖场进行了补充调查。最后共收集问卷 600 份，剔除关键数据缺失或回答不真实样本后，共获得有效问卷 573 份，有效率为 95.5%。

---

① 数据来源：《2017 年国民经济与社会发展统计公报》。

## ◢◣◤ 4.2 样本特征描述性统计分析

### 4.2.1 生猪养殖户个体特征

（1）生猪养殖户性别特征。接受调研的 573 名受访者中，男性为 385 人，占调研总数的 67.19%；女性为 188 人，占调研总数的 32.81%。男性数量是女性数量的二倍，说明在生猪养殖行业中男性占主导地位，是行业生产的主力军。

（2）生猪养殖户年龄。受访者年龄分布层面，30 岁及以下的养殖户数量最小，仅为 18 人，占总数的 3.14%；31—40 岁的养殖户共 115 人，占总数的 20.07%；41—50 岁的养殖户多达 239 人，所占比例最大，为 41.71%；51—60 岁的养殖户为 147 人，占总数的 25.65%；61 岁及以上的养殖户为 54 人，占总数的 9.42%。可以看出，41—60 岁群体是从事生猪养殖的主力，占比高达 67.36%；而年轻人与老人从事生猪养殖的都比较少。

（3）生猪养殖户受教育程度。受访者受教育程度层面，小学以下教育程度的 31 人，占总数的 5.41%；小学教育程度的 82 人，占总数的 14.31%；初中教育程度的 183 人，占总数的 31.94%；高中及同等学力教育程度的 196 人，占总数的 34.21%；大专及以上教育程度的 81 人，占总数的 14.14%。由此看出，本研究受访者的受教育程度分布与我国养殖业从业人员整体受教育程度分布一致，且受访者受教育程度普遍偏低。

### 4.2.2 生猪养殖户经营特征

（1）生猪养殖户投入、产出情况。从养殖投入情况看，平均仔猪投入为 543.38 元，占总投入的 33.59%；平均饲料投入为 777.61 元，占总投入的 48.06%；平均劳动力投入为 296.91 元，为总投入的 18.35%。从生猪养殖产出角度看，平均收益为 1685.68 元/头，平均出栏重量为 115.93 千克，养殖户年平均出栏量为 990 头。

（2）养殖经验。从受访生猪养殖户养殖时间分布情况看，具有 5 年及以下养殖经验的数量为 161 人，所占比例为 28.1%；具有 6～10 年养殖经验的数量为261人，所占比例为45.55%；具有11年及以上养殖经验的数量为151人，所占比例为26.35%。说明大部分受访者具有丰富的养殖经验，熟练掌握生猪养殖生产过程及经营方式。

（3）专业化程度。从受访生猪养殖户专业化程度分布情况看，生猪养殖收入占家庭总收入20%以下的生猪养殖户有26人，占比4.54%；生猪养殖收入占家庭总收入21%~40%的生猪养殖户有67人，占比11.69%；生猪养殖收入占家庭总收入41%~60%的生猪养殖户有157人，占比27.4%；生猪养殖收入占家庭总收入61%~80%的生猪养殖户有222人，占比38.74%；生猪养殖收入占家庭总收入超过80%，甚至达到100%的生猪养殖户有101人，占比17.63%。家庭总收入60%以上来源于生猪养殖收入的生猪养殖户超过受访样本的一半，表明生猪养殖户专业化程度较高。

（4）销售合同。受访生猪养殖户中有213人签订了销售合同，这些生猪养殖户的部分生猪产品需要按照销售合同要求有计划地开展养殖；还有360人没有签订销售合同，其生产投入、饲养方式、抗生素使用等不必受销售合同约束。

（5）养殖规模。从受访生猪养殖户出栏数量分布情况看，出栏量在50头以下的生猪养殖户数量为87人，所占比例为15.18%；出栏量在50~499头的生猪养殖户数量为141人，所占比例为24.61%；出栏量在500~1000头的生猪养殖户数量为221人，所占比例为38.57%；出栏量1000头及以上的生猪养殖户数量为124人，所占比例为21.64%。出栏量在500头以上的受访生猪养殖户比例已经达到60%，稍高于全国规模化生猪养殖比例（53%），体现了近年来我国大力推进规模化生猪养殖的成效。

### 4.2.3 政府规制特征

在政府对抗生素使用宣传方面，有381名受访养殖户表示政府对合理使用抗生素或者滥用抗生素的危害进行过宣传，占比66.49%；有192名受访养殖户表示政府未对合理使用抗生素或者滥用抗生素的危害进行过宣传，占比33.51%。表明尽管政府在对抗生素使用宣传方面取得一定成效，不过还存在一定提升空间。

在过程监管方面，有265名受访养殖户表示，在生猪养殖生产过程中，相关部门没有对抗生素的使用情况进行过监督检查，占比为46.25%；有308名受访养殖户表示，相关部门对生猪养殖过程中抗生素使用情况进行过监督检查，占比为 53.75%。调研结果显示，生猪养殖过程中的抗生素使用情况并没有引起相关部门的足够重视，即缺少有效过程监管，无法及时发现生猪养殖户实施违规使用抗生素行为。

在"生猪销售前相关部门检验检疫是否严格"问题的回答方面，认为"非常不严格"的受访者数量为 12 人，占比 2.09%，认为"比较不严格"的受访者数量为 33 人，占比 5.76%，认为"一般严格"的受访者数量为 224 人，占比 39.09%，认为"比较严格"的受访者数量为 172 人，占比 30.02%，认为"非常严格"的受访者数量为 132，占比 23.04%，只有少于 10% 的受访者认为检验检疫"比较不严格"或"非常不严格"，说明目前相关部门较好地执行了对生猪销售前检验检疫。

在"如果抗生素使用行为违反规定，政府处罚是否严厉"问题的回答方面，选择"非常不严厉"的受访者占比 17.52%，选择"比较不严厉"的受访者占比 23.19%，选择"一般严厉"的受访者占比 24.95%，选择"比较严厉"的受访者占比 10.16%，选择"非常严厉"的受访者占比 24.28%，说明目前政府在进行抗生素违规使用的查处方面差异比较大。

### 4.2.4　产业合作组织特征

参加产业合作组织的受访生猪养殖户有 182 人，占比 31.76%，没有加入产业合作组织的受访生猪养殖户中有 391 人，占比 68.24%。受访生猪养殖户中有 107 人表示接受过产业合作组织提供的信息服务，占比 18.67%，接受过产业合作组织提供的信息服务的生猪养殖户占加入产业合作组织人数的 58.79%，表明超过四成已加入产业合作组织的生猪养殖户没有得到产业合作组织提供的服务。产业合作组织运营不应该过于重视有多少社员加入，而应该重视为多少生猪养殖户提供过真实帮助，尤其是对生猪养殖户的信息服务功能有待加强。

## 4.3 生猪养殖户抗生素使用行为描述性统计分析

### 4.3.1 生猪养殖户抗生素减用途使用行为

在预调研时,生猪养殖户对于"是否把抗生素用于促生长用途"问题的回答具有明显的警惕性或者回避性①。由于抗生素预防疾病用途与促生长用途在使用方式和造成细菌耐药风险方面比较相似,部分预防疾病用途抗生素使用也会达到促进生猪生长的效果,不少国外学者将两种用途放在一起研究,称其为亚治疗抗生素。

在正式调研时,询问生猪养殖户"您在生猪养殖过程中,是否曾向饲料中长期添加低剂量抗生素",回答"是"即表示生猪养殖户发生了亚治疗使用行为,回答"否"即表示生猪养殖户没有将抗生素用于亚治疗用途,则被表征为生猪养殖户抗生素减用途使用行为。这里之所以采用反向定义,是因为本书重点考察的是与国家"农业减量化"理念相契合的、对遏制细菌耐药具有积极作用的生猪养殖户抗生素使用行为。

受访生猪养殖户实施抗生素减用途使用行为的有 270 人,占受访生猪养殖户总数的 47.12%,实施抗生素亚治疗使用行为的有 303 人,占受访生猪养殖户总数的 52.88%,将抗生素作为亚治疗用途使用,将更容易导致细菌耐药比例激增,而受访生猪养殖户中实施抗生素亚治疗使用行为人数超过实施抗生素减用途使用行为人数。

### 4.3.2 生猪养殖户抗生素减量使用行为

本研究借鉴相关研究,利用损害控制模型对生猪养殖户的抗生素最优使用水平进行测算,将抗生素实际使用量低于或等于最优使用量的生猪养殖户视为实施了抗生素减量使用行为。测算得出兽用抗生素最优使用量为 89.93 元/头,

---

① 2018 年我国还允许 11 类抗生素在饲料里添加用于促进动物生长,但很多生猪养殖户已经知道国家要执行饲料"禁抗",而且将抗生素用于促生长"不好"。

受访生猪养殖户的兽用抗生素实际平均使用量为 112.27 元/头，兽用抗生素实际平均使用量超过最优使用量的 24.84%。其中超量使用抗生素的生猪养殖户有 408 人，占受访生猪养殖户总数的 71.2%，这些养殖户使用抗生素的平均花费为 123.94 元/头；实施抗生素减量使用行为的生猪养殖户有 165 人，仅占受访生猪养殖户总数的 28.8%，这些养殖户使用抗生素的平均花费为 83.4 元/头。由此可见，调查地区受访生猪养殖户实施抗生素减量使用行为所占比例较低，有待政府相关部门进一步推动。

## 4.4　生猪养殖户特征与抗生素使用行为交叉分析

### 4.4.1　生猪养殖户特征与抗生素减用途使用行为交叉分析

（1）生猪养殖户个体特征与抗生素减用途使用行为交叉分析。如表 4-1 所示，不同性别生猪养殖户对抗生素减用途或亚治疗使用行为选择几乎没有差异。年龄在 30 岁及以下的生猪养殖户选择抗生素亚治疗使用行为的比例最高，不过样本数量偏小。受教育程度在小学以下和小学的生猪养殖户最倾向于选择抗生素亚治疗使用行为，而受教育程度在初中和高中的生猪养殖户选择抗生素减用途使用行为比例明显增大。

表 4-1　生猪养殖户个体特征与抗生素减用途使用行为交叉分析

| 变量 | 分组 | 减用途使用行为 | | 亚治疗使用行为 | |
|------|------|------|------|------|------|
| | | 样本数 | 比例 | 样本数 | 比例 |
| 性别 | 女 | 89 | 47.34% | 99 | 52.66% |
| | 男 | 181 | 47.01% | 204 | 52.99% |
| 年龄 | 30 岁及以下 | 6 | 33.33% | 12 | 66.67% |
| | 31—40 岁 | 57 | 49.57% | 58 | 50.43% |
| | 41—50 岁 | 117 | 48.95% | 122 | 51.05% |
| | 51—60 岁 | 65 | 44.22% | 82 | 55.78% |
| | 61 岁及以上 | 25 | 46.30% | 29 | 53.70% |

表4-1(续)

| 变量 | 分组 | 减用途使用行为 | | 亚治疗使用行为 | |
|---|---|---|---|---|---|
| | | 样本数 | 比例 | 样本数 | 比例 |
| 受教育程度 | 小学以下 | 11 | 35.48% | 20 | 64.52% |
| | 小学 | 30 | 36.59% | 52 | 63.41% |
| | 初中 | 95 | 51.91% | 88 | 48.09% |
| | 高中 | 97 | 49.49% | 99 | 50.51% |
| | 大专及以上 | 37 | 45.68% | 44 | 54.32% |

(2)生猪养殖户经营特征与抗生素减用途使用行为交叉分析。如表4-2所示,养殖经验6~10年的生猪养殖户最可能实施抗生素减用途使用行为,而养殖经验更少或更多的生猪养殖户选择抗生素亚治疗使用行为的比例明显增大。不同专业化程度与生猪养殖户抗生素减用途使用行为或亚治疗使用行为选择之间,没有发现明显差异。签订销售合同比未签订销售合同的生猪养殖户更倾向于实施抗生素减用途使用行为,但是差距不大。养殖规模越大,生猪养殖户实施抗生素减用途使用行为的比例越高。

表4-2　生猪养殖户经营特征与抗生素减用途使用行为交叉分析

| 变量 | 分组 | 减用途使用行为 | | 亚治疗使用行为 | |
|---|---|---|---|---|---|
| | | 样本数 | 比例 | 样本数 | 比例 |
| 养殖经验 | 5年及以下 | 69 | 42.86% | 92 | 57.14% |
| | 6~10年 | 137 | 52.49% | 124 | 47.51% |
| | 11年及以上 | 64 | 42.38% | 87 | 57.62% |
| 专业化程度 | 20%及以下 | 11 | 42.31% | 15 | 57.69% |
| | 21%~40% | 33 | 49.25% | 34 | 50.75% |
| | 41%~60% | 70 | 44.59% | 87 | 55.41% |
| | 61%~80% | 109 | 49.10% | 113 | 50.90% |
| | 81%及以上 | 47 | 46.53% | 54 | 53.47% |
| 销售合同 | 未签订 | 165 | 45.83% | 195 | 54.17% |
| | 签订 | 105 | 49.30% | 108 | 50.70% |
| 养殖规模 | 1~49头 | 31 | 35.63% | 56 | 64.37% |
| | 50~499头 | 58 | 41.13% | 83 | 58.87% |
| | 500~999头 | 115 | 52.04% | 106 | 47.96% |
| | 1000头及以上 | 66 | 53.23% | 58 | 46.77% |

### 4.4.2 生猪养殖户特征与抗生素减量使用行为交叉分析

(1)生猪养殖户个体特征与抗生素减量使用行为交叉分析。如表 4-3 所示,女性生猪养殖户实施抗生素减量使用行为的比例比男性生猪养殖户更高一些,不过差距不大。年龄在 30 岁及以下的生猪养殖户没有人实施抗生素减量使用行为,18 名生猪养殖户都选择超量使用抗生素,61 岁及以上老年生猪养殖户实施抗生素减量使用行为的比例较高。受教育程度对生猪养殖户抗生素使用行为选择影响趋势比较明显,受教育程度越高的生猪养殖户实施抗生素减量使用行为的比例越高。

表 4-3　生猪养殖户个体特征与抗生素减量使用行为交叉分析

| 变量 | 分组 | 减量使用行为 | | 超量使用行为 | |
| --- | --- | --- | --- | --- | --- |
| | | 样本数 | 比例 | 样本数 | 比例 |
| 性别 | 女 | 60 | 31.91% | 128 | 68.09% |
| | 男 | 105 | 27.27% | 280 | 72.73% |
| 年龄 | 30 岁及以下 | 0 | 0.00% | 18 | 100.00% |
| | 31~40 岁 | 33 | 28.70% | 82 | 71.30% |
| | 41~50 岁 | 69 | 28.87% | 170 | 71.13% |
| | 51~60 岁 | 36 | 24.49% | 111 | 75.51% |
| | 61 岁及以上 | 27 | 50.00% | 27 | 50.00% |
| 受教育程度 | 小学以下 | 5 | 16.13% | 21 | 83.87% |
| | 小学 | 16 | 19.51% | 66 | 80.49% |
| | 初中 | 43 | 23.50% | 140 | 76.50% |
| | 高中 | 66 | 33.67% | 130 | 66.33% |
| | 大专及以上 | 30 | 37.04% | 51 | 62.96% |

(2)生猪养殖户经营特征与抗生素减量使用行为交叉分析。如表 4-4 所示,随着养殖经验增长,生猪养殖户实施抗生素减量使用行为的比例不断下降,实施抗生素超量使用行为的比例不断提高。专业化程度在 81% 及以上的生猪养殖户实施抗生素减量使用行为的比例最高,专业化程度在 61%~80% 的生猪养殖户次之。未签订销售合同的生猪养殖户实施抗生素减量使用行为的比例略高于签订销售合同的生猪养殖户,但两者差距很小。不同养殖规模生猪养殖户实施抗生素减量使用行为的比例差异显著,散户与大规模生猪养殖户实施抗生素

减量使用行为比例较低，小规模与中规模生猪养殖户实施抗生素减量使用行为比例较高。

表 4-4　生猪养殖户经营特征与抗生素减量使用行为交叉分析

| 变量 | 分组 | 减量使用行为 | | 超量使用行为 | |
|---|---|---|---|---|---|
| | | 样本数 | 比例 | 样本数 | 比例 |
| 养殖经验 | 5 年及以下 | 59 | 36.65% | 102 | 63.35% |
| | 6~10 年 | 78 | 29.89% | 183 | 70.11% |
| | 11 年及以上 | 28 | 18.54% | 123 | 81.46% |
| 专业化程度 | 20% 及以下 | 4 | 15.38% | 22 | 84.62% |
| | 21%~40% | 16 | 23.88% | 51 | 76.12% |
| | 41%~60% | 27 | 17.20% | 130 | 82.80% |
| | 61%~80% | 77 | 34.68% | 145 | 65.32% |
| | 81% 及以上 | 41 | 40.59% | 60 | 59.41% |
| 销售合同 | 未签订 | 107 | 29.72% | 253 | 70.28% |
| | 签订 | 58 | 27.23% | 155 | 72.77% |
| 养殖规模 | 1~49 头 | 21 | 24.14% | 66 | 75.86% |
| | 50~499 头 | 49 | 34.75% | 92 | 65.25% |
| | 500~999 头 | 72 | 32.58% | 149 | 67.42% |
| | 1000 头及以上 | 23 | 18.55% | 101 | 81.45% |

## 4.5　本章小结

　　本章首先阐述了调查问卷设计过程和本研究所用数据来源。其次运用描述性统计分析法对生猪养殖户的基本特征和抗生素使用行为特征进行分析，结果显示，受访样本中 47.12% 的生猪养殖户实施了抗生素减用途使用行为，有超过五成的生猪养殖户将抗生素用于亚治疗用途；受访样本中实施抗生素减量使用行为的生猪养殖户有 165 人，仅占受访生猪养殖户总数的 28.8%。最后对生猪养殖户特征与抗生素使用行为进行交叉分析，发现受教育程度高、养殖规模大的生猪养殖户实施抗生素减用途使用行为的比例大；养殖经验越丰富的生猪养殖户越倾向于超量使用抗生素，养殖规模适中的生猪养殖户实施抗生素减量使用行为的比例最大。

# 第5章　生猪养殖户抗生素减用途使用行为及其影响因素分析

本章首先基于期望效用理论分析了养殖户将抗生素用作不同用途的原因，其次利用河北省调查数据对养殖户抗生素减用途使用行为进行了描述与分析，最后运用 Logit 模型及 OLS 分析方法，探讨政府规制、合作组织、市场因素、养殖规模等因素对养殖户抗生素减用途使用行为的影响。

## 5.1　分析框架与研究假说

养殖户在畜禽养殖中使用抗生素，主要基于三种不同目的：治疗疾病、预防疾病和促进生长。由于在现代畜牧业生产中养殖规模与养殖密度都很大，细菌性呼吸道疾病或肠道疾病可迅速在动物之间传播，以感染整个畜群或禽群。养殖户或兽医可能会使用抗生素单独治疗患病动物，即治疗疾病用途。养殖户也可能通过长期把低剂量抗生素添加到饲料或水中①来预防疾病的传播，即预防疾病用途。长期低剂量添加抗生素还可以通过抑制竞争营养物质的胃肠道生物的生长来增加营养吸收，从而提高饲料效率，即促进生长用途。兽用抗生素用途不同，在使用剂量和持续时间上存在很大差异，预防疾病和促进生长用途兽用抗生素统称为亚治疗抗生素，因为使用剂量小、持续时间长，更可能允许细菌有时间突变并产生对其的耐药性，从而更容易造成细菌耐药性激增。

国内学者主要对兽药使用行为做了相关研究，大多从个体特征、认知特征、渠道协作、政府规制等角度探讨了兽药使用行为的影响因素以及各影响因素之间层级关系。除了王建华等基于兽药使用的不同情境，将兽药分为治疗类兽药

---

① 养殖户一般出于促进动物生长或者预防疾病的目的，长期低剂量地向畜禽水产中添加抗生素，被称为抗生素亚治疗使用行为。

和保健类兽药以外，国内学者一般在研究中没有按照使用目的对兽用抗生素使用行为进行区分，而针对不同用途的养殖户抗生素使用行为方面的研究目前没有发现。

国外学者专门针对养殖户抗生素减用途使用行为做了细致研究，主要成果可以分为四类：一是亚治疗抗生素对生猪产出的影响。Hayes 等发现使用促生长用途抗生素提高了平均每日增重和饲料转化率，并且降低了生猪死亡率。不过也有学者持不同意见，Dritz 等通过实验对比发现，抗生素对保育阶段的生猪生长影响较大，而对育肥阶段的生猪生长影响不明显。MacDonald 等证实预防疾病用途抗生素的使用可以减少养殖户对卫生相关操作或技术的替代性投入。二是抗生素对生猪生产性能其他方面的贡献。Liu 等指出使用促生长用途抗生素减少了单个猪的体重增加的可变性，从而减少了养殖场年度出栏产量的变化。三是限抗令对生猪养殖业产业结构的影响。根据 Miller 等的推断，如果美国禁止所有亚治疗抗生素使用，即生猪养殖户实施减用途使用行为，养殖户的平均生产成本将上升 1.37 美元/头。由于养殖户的异质性，如果生猪养殖户被迫实施抗生素减用途使用行为，对高密度养殖企业影响最大。四是减量使用抗生素的激励与惩罚机制。Ge 等认为价格机制与管理培训相结合，可有效减少抗生素的使用。Hollis 等主张对使用抗生素的养殖户收取庇古税，以减少抗生素的低效率滥用。

在追求利益最大化的目标下，生猪养殖户是否实施抗生素减用途使用行为，主要受抗生素减用途使用行为所带来成本收益预期差异的影响。如果生猪养殖户认为实施抗生素减用途使用行为成本收益较未实施抗生素减用途使用行为成本收益高，则其主观上会倾向于实施抗生素减用途使用行为；反之，生猪养殖户主观上会倾向于实施抗生素未减用途使用行为。而政府规制作为外部因素，作用于生猪养殖户的成本收益预期，进而对生猪养殖户抗生素减用途使用行为存在重要影响。依据第3章的理论分析，本章基于期望效应理论和成本收益理论，利用微观调研数据，分析政府规制、市场因素、产业合作组织、养殖户个体特征与经营特征对生猪养殖户抗生素减用途使用行为的影响，并且对普通户与规模户抗生素使用行为影响因素进行异质性分析。基于此，养殖户抗生素减用途使用行为的分析框架如图5-1所示。

作为外部约束手段，按照效果可以将政府规制划分为约束型规制与激励型规制。学者们针对不同规制对养殖户抗生素（兽药）使用行为的约束或激励作

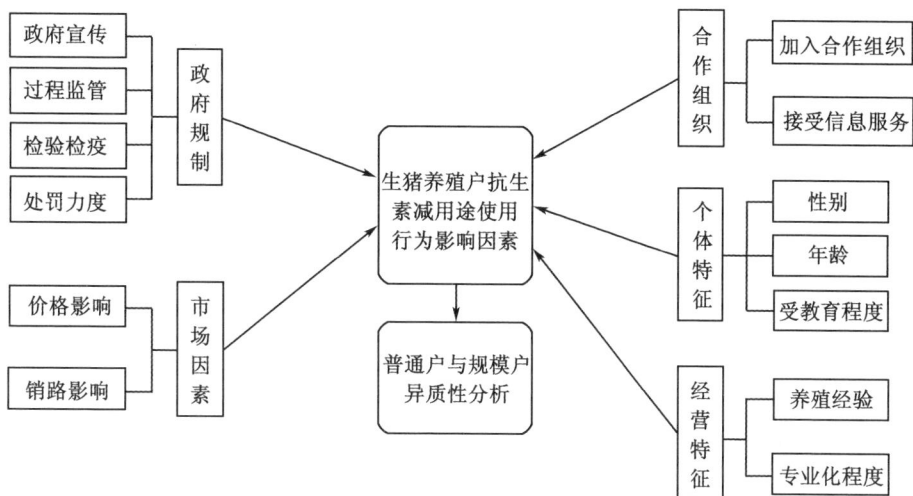

**图 5-1 生猪养殖户抗生素减用途使用行为的分析框架**

用展开研究，发现：对相关法律法规的宣传以及对用药过程的监管可以激励养殖户实施规范的抗生素使用行为；政策补贴也可以促进农户实施安全生产行为；政府有关部门没有对养殖户实行严格的产地检疫，是造成养殖户违规用药的重要原因；标准化生产与食品可追溯体系建设对水产养殖户规范用药行为具有积极推动作用。基于此，提出研究假说。

假说 H1：政府规制可以显著影响生猪养殖户抗生素减用途使用行为。提高政府宣传力度、强化对抗生素使用过程监管、加强出栏生猪检疫检验和加大对违规用药处罚力度能够促进生猪养殖户实施抗生素减用途使用行为。

生猪养殖户使用抗生素的最终目的是获取更大的市场收益，这与菜农使用农药的最终目的是相同的，因此抗生素减用途使用行为的市场收益保证对生猪养殖户实施抗生素减用途使用行为成本收益率认知有直接影响。本研究采用"价格影响"与"销路影响"来衡量生猪养殖户抗生素减用途使用行为的市场收益保证。价格影响，即"不使用抗生素促生长和预防疾病的生猪产品是否可以卖个好价钱"；销路影响，即"不使用抗生素促生长和预防疾病的生猪产品是否可以获得更稳定的销路"。如果生猪养殖户认为不使用促生长和预防疾病用途抗生素的生猪可以卖个好价钱，那么其必然会认为抗生素减用途使用行为的成本收益率较高，进而会倾向于在生猪养殖中不使用抗生素促进生长和预防疾病；同理，更稳定的销路，意味着生猪养殖户降低"卖难"而造成的交易成本，进而倾向于在养殖中实施抗生素减用途使用行为。

假说 H2：市场因素对生猪养殖户抗生素减用途使用行为有影响。更高的价格和稳定的销路能够促进生猪养殖户实施抗生素减用途使用行为。

依据合作组织理论，产业合作组织可以提升养殖户组织化程度，改进养殖户资源禀赋，增强养殖户科学使用抗生素水平，增加其养殖收益。由于合作组织可以提供给养殖户质量可靠的生产资料，并提供销售渠道、技术培训等信息服务，因此有助于养殖户克服小农的局限性；合作社提供的技术支持、国家政策解读等信息服务对养殖户抗生素亚治疗用途具有抑制作用。基于此，提出研究假说。

假说 H3：产业合作组织影响生猪养殖户抗生素减用途使用行为。加入产业合作组织和接受信息服务能够促进生猪养殖户实施抗生素减用途使用行为。

养殖规模通过影响生猪养殖户成本收益预期，进而影响抗生素减用途使用行为。随着养殖规模的增大，使用抗生素的总成本增加较快，而养殖户生物安全管理和生猪饲喂管理水平的提升，降低了生猪养殖户对促生长用途和预防疾病用途抗生素的依赖程度。另外，散户养殖中，抗生素添加和使用具有随意性和风险性，而规模化养殖户抗生素使用更加科学、规范。基于此，提出研究假说。

假说 H4：随着养殖规模的扩大，生猪养殖户倾向于实施抗生素减用途使用行为。

# 5.2 变量选取与模型设定

## 5.2.1 变量选取

(1)被解释变量。对受访生猪养殖户询问"您在生猪养殖过程中，是否曾向饲料中长期添加低剂量抗生素"时，回答"是"即表示生猪养殖户实施了亚治疗使用行为，被解释变量取值为0；回答"否"即表示生猪养殖户没有将抗生素用于亚治疗用途，则被表征为生猪养殖户抗生素减用途使用行为，被解释变量取值为1。这里之所以采用反向定义，是因为本书重点考察的是与国家"农业减量化"理念相契合的、对遏制细菌耐药具有积极作用的生猪养殖户抗生素使用行为。

（2）解释变量。根据前文理论分析，本研究从政府规制、市场因素、合作组织和养殖规模四个方面来考察影响生猪养殖户抗生素减用途使用行为的主要因素。

作为外部环境因素，政府规制又可以分为激励型规制与约束型规制。其中激励型规制（如政府宣传、政策补贴）能够促进生猪养殖户实施抗生素减用途使用行为，约束型规制（如过程监管、检验检疫和违规处罚）能够遏制生猪养殖户使用高风险类别抗生素行为。结合政府规制实践情况，目前还没有与生猪养殖户抗生素使用行为关联密切的政策补贴项目。因此，本研究选取政府宣传、过程监管、检验检疫和违规处罚四个指标衡量政府规制。

作为市场收益保证，市场因素直接影响生猪养殖户实施抗生素减用途使用行为成本收益率认知。如果生猪养殖户认为实施抗生素减用途使用行为可以让生猪卖个好价钱，销路更稳定，那么他将更倾向于实施抗生素减用途使用行为，否则，更可能使用抗生素促进生长或预防疾病。因此，本研究选取"价格影响"与"销路影响"。

产业合作组织对生猪养殖户抗生素减用途使用行为产生影响，加入产业合作组织的生猪养殖户需要遵守产业合作组织的相关规定进行养殖生产；加入产业合作组织的生猪养殖户之间存在的相互学习和监督机制，为生猪养殖户规范使用抗生素提供可能；产业合作组织有助于生猪养殖户获取更全面的抗生素使用技术指导和信息服务，为生猪养殖户抗生素减用途使用行为提供保障。因此，本研究选取加入合作组织、接受信息服务两个指标来衡量产业合作组织。

养殖规模的增大对农户生产行为的改善有影响，养殖规模大的养殖户与散户或小规模养殖户相比，往往具备更高的生物安全管理水平和饲喂管理水平，可以更少依赖抗生素来促进生猪生长和预防疾病。而且规模化发展可以有效引导养殖户科学用药，过量使用兽药的人数会减少。生猪养殖散户的抗生素添加和使用用途更具有随意性和风险性。本研究以上一年度生猪出栏数（取对数）表示养殖规模大小。

（3）控制变量。个体特征是影响生猪养殖户抗生素使用行为的基础性因素，基于文献梳理和理论分析，本研究选取个体特征中的年龄、性别、受教育程度作为控制变量。不同受教育程度的农户对农业生产认知和行为决策存在较大差异。一般来说，受教育程度越高的生猪养殖户对细菌耐药或超级细菌事件的关注程度越高，对高风险类别抗生素越了解，因此，越倾向于实施抗生素减用途使用行为以降低细菌耐药造成的负面影响。

生猪养殖户的经营能力常常从经营特征中得到体现，经营特征是影响生猪养殖户抗生素使用行为的重要参考。本研究选取生猪养殖户经营特征中养殖经验和专业化程度作为控制变量。养殖经验越丰富的生猪养殖户对抗生素使用行为与细菌耐药的关系理解越好，越倾向于实施抗生素减用途使用行为。生猪养殖专业化程度用"生猪养殖收入占家庭总收入的比例"来表示，比例越大，表示养殖户对生猪养殖收入越依赖，可能越倾向于通过使用亚治疗抗生素来提升产量。相关变量定义与赋值见表5-1。

**表5-1 相关变量定义与赋值**

| 变量类别 | 变量名称 | 变量定义与赋值 | 均值 | 标准差 |
|---|---|---|---|---|
| 政府规制 | 政府宣传 | 政府是否对抗生素合理使用或滥用抗生素危害进行宣传：否＝0；是＝1 | 0.66 | 0.47 |
| | 过程监管 | 政府是否对养殖过程中的抗生素使用进行监管：否＝0；是＝1 | 0.54 | 0.49 |
| | 检验检疫 | 生猪销售前相关部门检验检疫是否严格：非常不严格→非常严格：1→5 | 3.66 | 0.96 |
| | 违规处罚 | 如果抗生素使用行为违反规定，政府处罚是否严厉：非常不严厉→非常严厉：1→5 | 3.24 | 0.98 |
| 市场因素 | 价格影响 | 养殖过程中减少抗生素使用的生猪产品是否可以卖个好价钱：否＝0；是＝1 | 0.521 | 0.364 |
| | 销路影响 | 养殖过程中减少抗生素使用的生猪产品是否可以获得更稳定的销路：否＝0；是＝1 | 0.383 | 0.165 |
| 产业合作组织 | 加入合作组织 | 是否加入生猪养殖合作社：否＝0；是＝1 | 0.32 | 0.21 |
| | 接受信息服务 | 是否接受过合作社提供的信息服务：否＝0；是＝1 | 0.19 | 0.13 |
| 养殖规模（取对数） | | 上一年度全年累计出栏生猪 | 6.05 | 1.44 |

表5-1( 续)

| 变量类别 | 变量名称 | 变量定义与赋值 | 均值 | 标准差 |
|---|---|---|---|---|
| 控制变量 | 性别 | 男 = 1；女 = 0 | 0.67 | 0.47 |
| | 年龄 | 30 岁及以下 = 1；31~40 岁 = 2；41~50 岁 = 3；51~60 岁 = 4；61 岁及以上 = 5 | 3.18 | 0.92 |
| | 受教育程度 | 小学以下 = 1；小学 = 2；初中 = 3；高中 = 4；大专及以上 = 5 | 3.37 | 1.11 |
| | 养殖经验 | 从事生猪养殖的时间( 年) | 6.44 | 5.35 |
| | 专业化程度 | 生猪养殖收入占家庭总收入的比重 | 3.53 | 1.05 |

数据来源：通过调研数据整理。

## 5.2.2 模型设定

由前文理论分析可知，养殖户是否实施抗生素减用途使用行为，受养殖户对不同种类抗生素使用成本收益预期的影响，因此，本研究选取养殖户是否实施抗生素减用途使用行为为因变量，采用二元 Logit 模型与 OLS 方法的线性概率回归模型对养殖户抗生素减用途使用行为进行分析，实证检验养殖户抗生素减用途使用行为的影响因素。其中二元 Logit 模型的基本形式如下：

$$P = F(Z) = \frac{1}{1 + e^{-z}} \tag{5-1}$$

式(5-1)中，$Z$ 是变量 $X_1$, $X_2$, $\cdots$, $X_n$ 的线性组合，即

$$Z = \beta_0 + \beta_1 X_1 + \beta_2 X_2 + \cdots + \beta_i X_i \tag{5-2}$$

将式(5-1)和式(5-2)进行变换，得到以发生比( odds)表示的 Logit 模型形式。

$$\ln\left(\frac{P_i}{1 - P_i}\right) = \beta_0 + \beta_1 X_1 + \beta_2 X_2 + \cdots + \beta_i X_i + e \tag{5-3}$$

式(5-3)中，$P_i$ 为第 $i$ 个养殖户抗生素减用途使用行为的概率( 发生 = 1；未发生 = 0)；$X_i(i = 1, 2, \cdots, n)$ 表示解释变量，为第 $i$ 个影响因素，分别是政府规制、市场因素、产业合作组织、养殖规模、个体特征与经营特征；$\beta_0$ 表示回归截距，即回归方程的常数项，$\beta_i(i = 1, 2, \cdots, n)$ 为第 $i$ 个影响因素的回归系数；$e$ 为随机误差。

## 5.3 实证结果分析

### 5.3.1 生猪养殖户抗生素减用途使用行为影响因素的实证分析

回归分析前，首先对解释变量进行相关性检验，检验结果如表 5-2 所示，本研究关注的解释变量相关性较低，对模型估计结果的影响较小。其次对自变量进行共线性诊断，检验结果如表 5-3 所示，自变量的方差膨胀因子（VIF）平均值为 1.31，所有自变量容忍度均大于 0.700，表明自变量间的相关性不会对模型估计结果产生影响。

表 5-2　解释变量相关系数

| 变量 | 政府宣传 | 过程监管 | 检验检疫 | 违规处罚 | 价格影响 | 销路影响 | 加入合作组织 | 接受信息服务 | 养殖规模（取对数） | 性别 | 年龄 | 受教育程度 | 养殖经验 | 专业化程度 |
|---|---|---|---|---|---|---|---|---|---|---|---|---|---|---|
| 政府宣传 | 1 | | | | | | | | | | | | | |
| 过程监管 | 0.086 | 1 | | | | | | | | | | | | |
| 检验检疫 | -0.029 | 0.127 | 1 | | | | | | | | | | | |
| 违规处罚 | 0.090 | 0.078 | 0.101 | 1 | | | | | | | | | | |
| 价格影响 | -0.052 | 0.022 | 0.040 | 0.108 | 1 | | | | | | | | | |
| 销路影响 | 0.098 | -0.088 | -0.050 | 0.138 | 0.066 | 1 | | | | | | | | |
| 加入合作组织 | 0.128 | 0.225 | 0.139 | 0.201 | 0.136 | 0.148 | 1 | | | | | | | |
| 接受信息服务 | 0.136 | 0.182 | 0.145 | 0.224 | 0.148 | 0.164 | 0.222 | 1 | | | | | | |
| 养殖规模（取对数） | 0.188 | 0.204 | 0.178 | 0.202 | 0.115 | 0.129 | 0.085 | 0.216 | 1 | | | | | |
| 性别 | 0.040 | 0.108 | -0.052 | 0.072 | 0.143 | 0.216 | 0.315 | 0.282 | 0.163 | 1 | | | | |
| 年龄 | -0.050 | 0.138 | 0.098 | -0.108 | -0.051 | 0.389 | 0.151 | 0.224 | 0.148 | 0.157 | 1 | | | |
| 受教育程度 | 0.139 | 0.201 | 0.128 | 0.228 | 0.192 | 0.174 | 0.278 | 0.213 | 0.115 | 0.116 | 0.231 | 1 | | |
| 养殖经验 | 0.145 | 0.224 | 0.136 | 0.094 | 0.157 | 0.136 | 0.182 | 0.145 | 0.224 | 0.148 | 0.164 | 0.142 | 1 | |
| 专业化程度 | 0.178 | 0.202 | 0.188 | 0.211 | 0.183 | 0.188 | 0.204 | 0.178 | 0.202 | 0.115 | 0.129 | 0.194 | 0.105 | 1 |

**表 5-3 自变量容忍度和方差膨胀因子**

| 变量 | 方差膨胀因子 | 容忍度 | 变量 | 方差膨胀因子 | 容忍度 |
|---|---|---|---|---|---|
| 政府宣传 | 1.433 | 0.955 | 接受信息服务 | 1.363 | 0.779 |
| 过程监管 | 1.197 | 1.144 | 养殖规模(取对数) | 1.437 | 0.839 |
| 检验检疫 | 1.508 | 0.908 | 性别 | 1.246 | 0.851 |
| 违规处罚 | 1.301 | 1.052 | 年龄 | 1.077 | 0.985 |
| 价格影响 | 1.207 | 1.046 | 受教育程度 | 1.054 | 1.007 |
| 销路影响 | 1.632 | 0.839 | 养殖经验 | 1.328 | 0.799 |
| 加入合作组织 | 1.416 | 0.966 | 专业化程度 | 1.145 | 0.926 |

注：当 VIF≤10 时，表示自变量间的多重共线性不严重。

对养殖户抗生素减用途使用行为影响因素进行参数估计，结果见表 5-4。其中模型 1 与模型 2 为 OLS 的线性概率回归结果；模型 3 和模型 4 为 Logit 模型的回归结果；模型 2 与模型 4 增加了控制变量的回归结果。下面详细加以讨论。

**表 5-4 养殖户抗生素减用途使用行为的模型参数估计**

| 变量 | 模型 1 | 模型 2 | 模型 3 | 模型 4 |
|---|---|---|---|---|
| 政府宣传 | 0.123*(0.071) | 0.286*(0.157) | 0.218*(0.12) | 0.137*(0.074) |
| 过程监管 | 0.189**(0.086) | 0.114**(0.055) | 0.126**(0.059) | 0.127**(0.062) |
| 检验检疫 | 0.061(0.051) | 0.032(0.009) | 0.054(0.047) | 0.041(0.031) |
| 违规处罚 | 0.235***(0.012) | 0.119**(0.018) | 0.183***(0.032) | 0.118**(0.020) |
| 价格影响 | 0.117**(0.092) | 0.103**(0.077) | 0.135**(0.107) | 0.128**(0.063) |
| 销路影响 | 0.038*(0.021) | 0.031*(0.017) | 0.042*(0.023) | 0.034*(0.019) |
| 加入合作组织 | 0.113(0.096) | 0.118(0.081) | 0.144(0.96) | 0.115(0.087) |
| 接受信息服务 | 0.312*(0.173) | 0.175*(0.098) | 0.442*(0.234) | 0.182*(0.093) |
| 养殖规模(取对数) | 0.176**(0.084) | 0.127**(0.056) | 0.168**(0.079) | 0.136**(0.06) |
| 性别 | | 0.113(0.094) | | 0.114(0.093) |
| 年龄 | | −0.132(0.091) | | −0.143(0.121) |
| 受教育程度 | | 0.217*(0.122) | | 0.129*(0.069) |
| 养殖经验 | | 0.375(0.543) | | 0.116(0.127) |
| 专业化程度 | | −0.044(0.710) | | −0.050(0.679) |
| 常数项 | 0.652(0.554) | −0.718(0.483) | 0.518(0.547) | −1.322(0.108) |
| 样本量 | 573 | 573 | 573 | 573 |

注：括号内值为标准误；***，**，*分别表示在 1%，5%，10%的统计水平上显著。

（1）政府规制对生猪养殖户抗生素减用途使用行为的影响。从表5-4的估计结果中可以看出，政府规制中政府宣传、过程监管和违规处罚对生猪养殖户抗生素减用途使用行为存在显著影响，其中政府宣传对生猪养殖户抗生素减用途使用行为在10%水平上呈显著正向影响。表明通过加强政府宣传抗生素用药风险可以促进生猪养殖户实施抗生素减用途使用行为。过程监管对生猪养殖户抗生素减用途使用行为在5%水平上呈显著正向影响，表明对生猪养殖户抗生素使用过程的监管越严格，其越倾向于实施抗生素减用途使用行为。因为政府过程监管将定期或不定期抽查生猪养殖户的兽药（大部分属于抗生素）使用记录，如果养殖户如实记录用药情况，就能判断其是否将抗生素用于亚治疗用途；如果不如实记录，又会冒着被突击检查发现并处罚的心理压力和经济损失风险。违规处罚对生猪养殖户抗生素减用途使用行为在1%或5%水平上呈显著正向影响，表明处罚力度越大，生猪养殖户越倾向于实施抗生素减用途使用行为。

检验检疫对生猪养殖户抗生素减用途使用行为并没有显著影响，主要是由于促生长用途被禁的抗生素依然可以用于生猪疾病的预防与治疗用途，用动物检验检疫方法无法判断生猪养殖户是将抗生素用于促生长还是预防或者治疗疾病，就更谈不上后续处罚了。

（2）市场因素对生猪养殖户抗生素减用途使用行为的影响。价格影响对生猪养殖户抗生素减用途使用行为在5%水平上呈显著正向影响，表明持有"不使用抗生素促生长和预防疾病的生猪产品能卖个好价钱"观点的生猪养殖户，认为实施抗生素减用途使用行为成本收益较未实施抗生素减用途使用行为成本收益高，因此倾向于实施抗生素减用途使用行为。类似地，销路影响对生猪养殖户抗生素减用途使用行为在10%水平上呈现积极影响，销路稳定意味着生猪养殖户可以减少寻找销路所付出的成本，认同"不使用抗生素促生长和预防疾病的生猪产品可以获得更稳定的销路"观点的养殖户，倾向于实施抗生素减用途使用行为。

（3）产业合作组织对生猪养殖户抗生素减用途使用行为的影响。从产业合作组织来看，加入合作组织的变量系数为正但未通过显著性检验，这可能是由于相当一部分养殖户象征性地加入合作组织，但并没有享受到合作组织带来的服务。产业合作组织具有推动养殖户抗生素减用途使用行为的内在动力和基础条件，对养殖户给予提供抗生素购买渠道、技术培训等多方面信息服务。接受信息服务的变量系数为正且在 10% 水平上显著影响生猪养殖户抗生素减用途使用行为，表明生猪养殖户接受合作组织的信息服务能够有效促进其抗生素减用途使用行为。

（4）养殖规模对生猪养殖户抗生素减用途使用行为的影响。养殖规模的变量系数为正且均在 5% 水平上显著影响生猪养殖户抗生素减用途使用行为，表明养殖规模越大的生猪养殖户，实施抗生素减用途使用行为的可能性越大。一般来说，散户、小规模生猪养殖户用药比较随意，受到短期利益驱使，更可能将购买来的某些预防或治疗用途抗生素用作促进生猪生长。而大中规模生猪养殖户着眼于长远利益，从品牌及企业社会责任角度出发，更倾向于实施抗生素减用途使用行为。

（5）控制变量对生猪养殖户抗生素减用途使用行为的影响。控制变量中受教育程度在 10% 水平上对生猪养殖户抗生素减用途使用行为产生显著正向影响。生猪养殖户受教育程度越高，对抗生素滥用造成细菌耐药和食品安全威胁人类健康的风险越了解，越倾向于实施抗生素减用途使用行为。养殖户性别、年龄、养殖经验和专业化程度对其抗生素减用途使用行为的影响均未通过显著性检验。

### 5.3.2　普通户与规模户抗生素减用途使用行为影响因素异质性分析

前文实证结果验证了假说 H4，即养殖规模对生猪养殖户实施抗生素减用途使用行为具有正向促进作用。不少学者对农户农药/化肥减量化使用行为开展农户规模异质性研究。本小节按照普通户与规模户分类，进一步讨论生猪养殖户抗生素减用途使用行为影响因素的养殖规模异质性。

关于解释变量的普通户与规模户异质性分析。从表 5-5 可以看出，政府规制中政府宣传对普通户与规模户抗生素减用途使用行为影响存在明显差异，政府宣传对普通户抗生素减用途使用行为在 5% 水平上呈现正向显著影响，对规模户则没有影响。这是因为普通户对抗生素使用风险的认知水平原本较低，政府宣传可以有效提升普通户对滥用抗生素危害和亚治疗用途抗生素造成细菌耐药的认知水平，进而促使养殖户实施抗生素减用途使用行为；相比之下，由于主动学习、社会资本等原因，规模户对抗生素使用风险认知水平比较高，政府宣传多是科普类，对规模户认知水平提升作用有限，因此难以对规模户实施抗生素减用途使用行为造成影响。过程监管对普通户与规模户抗生素减用途使用行为影响差异不大，均在 10% 水平上呈现正向显著。违规处罚对普通户抗生素减用途使用行为在 5% 水平上呈现正向显著影响；对规模户抗生素减用途使用行为在 10% 水平上呈现正向显著影响。而检验检疫对普通户与规模户抗生素减用途使用行为均没有影响。

表 5-5 普通户与规模户抗生素减用途使用行为影响因素估计结果

| 变量名称 | 模型 1 普通户 | 模型 2 规模户 |
| --- | --- | --- |
| 政府宣传 | 0.143 ** (0.063) | 0.129 (0.059) |
| 过程监管 | 0.028 * (0.015) | 0.016 * (0.008) |
| 检验检疫 | 0.71 (0.681) | 1.589 (2.346) |
| 违规处罚 | 0.231 ** (0.112) | 0.166 * (0.094) |
| 价格影响 | 0.181 * (0.099) | 0.137 * (0.074) |
| 销路影响 | 0.044 * (0.025) | 0.061 ** (0.034) |
| 加入合作组织 | 0.022 (0.054) | 0.061 (0.116) |
| 接受信息服务 | 0.077 ** (0.032) | 0.036 (0.052) |
| 性别 | 0.229 (0.167) | -0.218 (0.312) |
| 年龄 | 0.109 (0.116) | 0.101 (0.083) |
| 受教育程度 | 0.121 * (0.66) | 0.146 * (0.084) |
| 养殖经验 | 0.438 (0.378) | 0.46 (0.385) |
| 专业化程度 | 0.351 (0.436) | 0.118 (0.212) |
| 常数项 | -3.674 (2.244) | -4.227 (7.717) |
| 样本量 | 228 | 345 |

注：括号内值为标准误；***，**，*分别表示在 1%，5%，10% 的统计水平上显著。

市场因素对普通户与规模户抗生素减用途使用行为均存在正向影响，认为不使用抗生素促生长的生猪产品价格更高、销路更稳定的普通户与规模户均倾向于实施抗生素减用途使用行为。合作组织对普通户与规模户抗生素减用途使用行为的影响存在差异，普通户接受合作组织提供的信息服务可以促进其实施抗生素减用途使用行为，而规模户接受合作组织提供的信息服务对其实施抗生素减用途使用行为没有影响。这是由于普通户使用促生长用途抗生素往往具有一定的随意性，合作组织提供的用药知识、销售商对生猪产品要求等信息更容易影响普通户的抗生素减用途使用行为决策；而规模户抗生素减用途使用行为往往更具有计划性，合作组织一般信息服务难以左右其抗生素减用途使用行为决策。

从表 5-5 的估计结果可以看出，受教育程度对普通户与规模户抗生素减用途使用行为在 10% 水平上存在显著正向影响，但差异不明显，而其他控制变量对普通户与规模户抗生素减用途使用行为均没有影响。

## 5.4　本章小结

本章利用河北省 573 家养殖户的调研数据，理论与实证双重分析了政府规制、市场因素、合作组织、养殖规模对养殖户抗生素减用途使用行为的影响，并且进一步对普通户与规模户进行了异质性分析。据此得出如下结论。

第一，政府规制中，政府宣传、过程监管与违规处罚对生猪养殖户抗生素减用途使用行为均存在显著正向影响。增加政府宣传、强化养殖过程中对养殖户抗生素使用的监管、加大处罚力度，可以有效促进生猪养殖户实施抗生素减用途使用行为。

第二，市场因素中，价格影响与销路影响均对生猪养殖户抗生素减用途使用行为产生显著正向影响。不使用抗生素促生长和预防疾病的生猪产品卖个好价钱以及获得更稳定销路，可以推动生猪养殖户实施抗生素减用途使用行为。

第三，从产业合作组织来看，加入合作组织对生猪养殖户实施抗生素减用途使用行为没有影响，这主要是由于不少合作组织流于形式，并没有为社员提供实质性服务。接受信息服务显著正向影响生猪养殖户抗生素减用途使用行为，表明生猪养殖户接受合作组织的信息服务能够有效促进其抗生素减用途使用行为。

第四，养殖规模在 5% 水平上对推动生猪养殖户抗生素减用途使用行为具有显著正向作用。养殖规模越大，生猪养殖户越倾向于实施抗生素减用途使用行为。进一步对养殖规模进行异质性分析，结果表明政府宣传与接受合作组织信息服务对普通户抗生素减用途使用行为有明显积极影响，而对规模户抗生素减用途使用行为没有影响。

# 第6章 生猪养殖户抗生素减量使用行为及其影响因素分析

本章利用河北省 573 家养殖户的调研数据,首先在理论上借助生产函数来阐释生猪养殖户抗生素使用行为发生的内在机理,然后构建生猪养殖户抗生素减量使用行为的分析框架,接着利用 C-D 生产函数和损害控制模型测度生猪养殖户抗生素减量使用行为,并着重考察影响养殖户抗生素减量使用行为的主要因素,最后对普通户与规模户抗生素减量使用行为影响因素进行异质性分析。

## 6.1 分析框架与研究假说

目前,学者们在研究农药或兽药减量行为时,多数直接将化学品使用量作为被解释变量;也有部分学者将化学品的利用效率作为被解释变量;还有些学者运用 C-D 生产函数和 Probit 模型,进一步表征减量使用行为。参考后者,同时考虑到兽用抗生素具有损害控制性投入品的特殊性,本书首先构建 C-D 生产函数和损害控制模型函数测算兽用抗生素的最优使用量,然后用抗生素实际使用量与最优使用量之间的差值来表征养殖户抗生素减量使用行为。

从第 3 章的理论分析可知,在追求利益最大化的目标下,生猪养殖户是否实施抗生素减量使用行为,主要受抗生素减量使用行为所带来成本收益预期差异的影响。如果生猪养殖户认为实施抗生素减量使用行为成本收益较实施抗生素超量使用行为成本收益高,则其主观上会倾向于实施抗生素减量使用行为;反之,生猪养殖户主观上会倾向于实施抗生素超量使用行为。而生猪养殖户个体特征和经营特征作为内部因素、政府规制和产业合作组织作为外部因素,作用于生猪养殖户的成本收益预期,进而对生猪养殖户抗生素减量使用行为存在重要影响。因此,本章基于期望效用理论和成本收益理论,利用微观调研数据,分析政府规制、产业合作组织、生猪养殖户个体特征和经营特征对生猪养殖户抗生素减量使用行为的影响，同时对普通户与规模户抗生素使用行为影响因素进行异质性分析。基于此，生猪养殖户抗生素减量使用行为的分析框架如图6-1 所示。

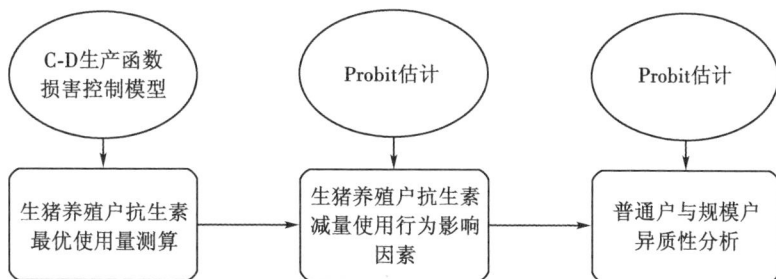

**图 6-1    生猪养殖户抗生素减量使用行为的分析框架**

根据前文描述性统计，超过七成受访生猪养殖户实际抗生素使用量超过最优使用量，显然超量使用抗生素并不符合农户"理性"假设。这是由于生猪养殖户进行生产投入决策时，风险最小化也是其行为决策的重要目标，养殖户面临着兽医服务覆盖面低、服务费用高、养殖保险险种少、保费贵等现实因素。风险厌恶型生猪养殖户在做抗生素投入量决策时，往往更加审慎，本着"宁过量不少用"的原则，通过超量使用抗生素减少产量的不确定性，特别是减少出现巨大损失的潜在风险。基于此，提出研究假说。

假说 H1：风险厌恶对生猪养殖户实施抗生素减量使用行为具有消极影响。

作为外部约束手段，按照效果可以将政府规制划分为约束型规制与激励型规制。学者们针对不同规制对养殖户抗生素（兽药）使用行为的约束或激励作用展开研究，发现：对相关法律法规的宣传以及对用药过程的监管可以激励养殖户实施规范的抗生素使用行为；政策补贴也可以促进农户实施安全生产行为；政府有关部门没有对养殖户实行严格的产地检疫，是造成养殖户违规用药的重要原因；标准化生产与食品可追溯体系建设对水产养殖户规范用药行为具有积极推动作用。基于此，提出研究假说。

假说 H2：政府规制可以显著影响生猪养殖户抗生素减量使用行为。提高政府宣传力度、强化对抗生素使用过程监管、加强出栏生猪检验检疫和加大对违规用药处罚力度能够促进生猪养殖户实施抗生素减量使用行为。

产业合作组织与生猪养殖户通过联合机制成为利益共同体，产业合作组织会以统一生产资料供应、统一生产管理标准、统一技术规程、统一疫病防控、统一信息发布、统一质量标准等形式要求生猪养殖户规范使用抗生素。由于合作组织可以提供给养殖户质量可靠的生产资料，并提供销售渠道、技术培训等信息服务，因此有助于养殖户克服小农的局限性；合作组织提供的技术支持、国家政策解读等信息服务对养殖户超量使用抗生素具有抑制作用。这些组织支持在不同程度上对生猪养殖户规范使用抗生素发挥激励作用。基于此，提出研究假说。

假说 H3：产业合作组织影响生猪养殖户抗生素减量使用行为。加入产业合作组织和接受信息服务能够促进生猪养殖户实施抗生素减量使用行为。

养殖规模通过影响成本收益预期，进而影响生猪养殖户抗生素使用行为。随着养殖规模的扩大，使用抗生素的总成本增加较快，而每头生猪接受兽医服务的平均成本大幅下降，养殖户倾向于用药前抽血检验或者借助兽医诊断等方式，减少误用抗生素（例如疾病是病毒造成的）或者过量使用抗生素情况发生的可能性；然而随着养殖规模的继续扩大，传染病在畜禽中迅速传播，风险迅速增加，一旦发现生猪患病，养殖户为了降低传染风险，往往需要尽快杀灭致病细菌，治愈患病生猪，因此倾向于大剂量使用抗生素以迅速抑制致病细菌，这导致其倾向于过量使用抗生素。基于此，提出研究假说。

假说 H4：养殖规模对生猪养殖户抗生素减量使用行为存在倒 U 形影响，即随着养殖规模的扩大，生猪养殖户倾向于实施抗生素减量使用行为，而随着养殖规模的进一步扩大，生猪养殖户实施抗生素减量使用行为的概率减小了。

## 6.2 变量选取与模型设定

### 6.2.1 变量选取

（1）被解释变量。生猪养殖户抗生素减量使用行为。根据兽用抗生素使用量，将生猪养殖户兽用抗生素使用行为分为减量使用行为和超量使用行为两种，用养殖户抗生素最优使用量与实际使用量间的差值来具体表征。在下文的计量模型中，将实际抗生素使用处于最优量及其水平以下的养殖户赋值为 1，表示其减量使用抗生素；反之赋值为 0，表示其超量使用抗生素。

（2）解释变量。根据理论分析，本研究重点拟从风险厌恶、政府规制、市场因素、产业合作组织、养殖规模五个方面考察影响生猪养殖户兽用抗生素减量使用行为的主要因素。具体包括风险厌恶、政府宣传、过程监管、检验检疫、违规处罚、价格影响、销路影响、加入合作组织、接受信息服务和养殖规模共 10 个变量。其中风险厌恶衡量多采用实验方法，受限于研究经费，本书采用语言描述场景供受访养殖户选择来判断其是否属于风险厌恶型。

（3）控制变量。通过前文的文献梳理以及理论分析，本研究将受访养殖户个体特征中的性别、年龄与受教育程度，经营特征中的养殖经验与销售合同作为控制变量。作为影响养殖户生产决策的基础性因素，个体特征存在差异的养殖户，对养殖中的生产认知和行为决策也存在明显差异。相比之下，男性生猪养殖户往往眼光长远，思考问题更加全面，对兽用抗生素使用方面的信息也更加关注，他们倾向于更加优化抗生素使用量。一般情况下，年龄偏大的养殖户对超量使用抗生素造成的耐药性问题往往缺少关注，同时，由于减少抗生素投入需要增加消毒、隔离等多个生物安全措施力度来预防疾病的发生，而生物安全措施需要更多的精力去管理和执行，而这正是年龄较大的养殖户所缺乏的，所以，他们更倾向于超量使用抗生素。受教育程度越高的养殖户，往往对抗生素滥用造成的食品安全与细菌耐药问题越了解，因此越倾向于减少养殖中抗生素的使用量。不同经营特征的养殖户在经营能力和生产行为决策方面可能存在差异。这里选取经营特征中的"是否签订了销售合同"作为控制变量，主要是面访时，发现多数中小规模养殖户都有销售合同，属于订单养殖，而且部分客户合同中附带有对抗生素残留情况的明确要求甚至违约责任条款。因此，签订销售合同的养殖户更倾向于执行兽用抗生素减量使用行为，以减少客户拒绝收货甚至触发违约条款的可能。养殖规模也属于经营特征，不过本书将其作为解释变量，重点分析和阐述其对抗生素减量使用行为的影响。

相关变量定义与赋值见表 6-1。

## 表 6-1 相关变量定义与赋值

| 变量类别 | 变量名称 | 变量定义与赋值 | 均值 | 标准差 |
|---|---|---|---|---|
| 风险厌恶 | | 假设存在两个项目，都不需要额外投入，都是 1 个月后获得收益，项目 A 可以稳赚 1000 元；项目 B 有 50% 可能赚 2000 元，也有 50% 可能 1 元钱赚不到，您选择：B = 0；A = 1 | 0.672 | 0.459 |
| 政府规制 | 政府宣传 | 政府是否对抗生素合理使用或滥用抗生素危害进行宣传：否 = 0；是 = 1 | 0.66 | 0.47 |
| | 过程监管 | 政府是否对养殖过程中的抗生素使用进行监管：否 = 0；是 = 1 | 0.54 | 0.49 |
| | 检验检疫 | 生猪销售前相关部门检验检疫是否严格：非常不严格→非常严格：1→5 | 3.66 | 0.96 |
| | 违规处罚 | 如果抗生素使用行为违反规定，政府处罚是否严厉：非常不严厉→非常严厉：1→5 | 3.24 | 0.98 |
| 市场因素 | 价格影响 | 养殖过程中减少抗生素使用的生猪产品是否可以卖个好价钱：否 = 0；是 = 1 | 0.521 | 0.364 |
| | 销路影响 | 养殖过程中减少抗生素使用的生猪产品是否可以获得更稳定的销路：否 = 0；是 = 1 | 0.383 | 0.165 |
| 产业合作组织 | 加入合作组织 | 是否加入生猪养殖合作社：否 = 0；是 = 1 | 0.32 | 0.21 |
| | 接受信息服务 | 是否接受过合作社提供的信息服务：否 = 0；是 = 1 | 0.19 | 0.13 |
| 养殖规模（取对数） | | 上一年度全年累计出栏生猪 | 6.05 | 1.44 |
| 控制变量 | 性别 | 男 = 1；女 = 0 | 0.67 | 0.47 |
| | 年龄 | 30 岁及以下 = 1；31~40 岁 = 2；41~50 岁 = 3；51~60 岁 = 4；61 岁及以上 = 5 | 3.18 | 0.92 |
| | 受教育程度 | 小学以下 = 1；小学 = 2；初中 = 3；高中 = 4；大专及以上 = 5 | 3.37 | 1.11 |
| | 养殖经验 | 从事生猪养殖的时间（年） | 6.44 | 5.35 |
| | 销售合同 | 是否签订了销售合同：否 = 0；是 = 1 | 0.37 | 0.48 |

数据来源：通过调研数据整理。

## 6.2.2 模型设定

(1)养殖户抗生素最优使用量测算模型。在考察生产要素投入对产出的影响研究中,学者们普遍采用 C-D 生产函数模型来衡量,然而兽用抗生素与饲料、仔畜、劳动力等一般性生产要素存在明显不同,它并不能直接增加产出,而是通过减少畜禽疫病导致的产量损失来影响畜禽产品产出,属于控制损害性生产投入,如果直接使用 C-D 生产函数来测算抗生素对产量的影响,将造成抗生素边际生产率被高估。为了更精确地评估兽用抗生素使用量对生猪产量的影响,将 C-D 生产函数与损害控制模型同时引入,进行比较分析。C-D 生产函数表述为:

$$Y = \alpha \left[ \prod_{i=1}^{n} (X_i)^{\beta_i} \right] \times (Q)^{\delta} \tag{6-1}$$

损害控制模型表述为:

$$Y = \alpha \left[ \prod_{i=1}^{n} (X_i)^{\beta_i} \right] \times G(Q)^{\gamma} \tag{6-2}$$

式(6-1)和式(6-2)中,$Y$ 表示生猪产量;$Q$ 表示兽用抗生素使用量;$X_i$ 表示对生猪产量产生影响的其他生产要素投入,包括仔猪投入、饲料投入和劳动力投入;$\alpha$,$\beta_i$,$\delta$ 表示待估系数。$G(Q)$ 表示损害控制部分,为计量识别,令参数 $\gamma = 1$。一般情况下,表达农产品的产出效果有两种形式:一种是比较生产要素投入量与产出量;另一种是比较生产要素投入成本与收益。考虑到兽用抗生素种类繁多,价格、用法、用量差异很大,难以衡量各种兽用抗生素的总使用量,若只考察单一品种抗生素使用量,又无法客观反映抗生素使用的总体情况,本书借鉴王建华等方法,选择养殖收益、兽用抗生素总支付成本以及其他生产要素投入成本来衡量兽用抗生素的边际生产率。根据式(6-1)和式(6-2),分别构建 C-D 生产函数模型和损害控制函数模型的对数回归方程:

$$\ln Y_n = \alpha + \sum \beta_i \ln X_{in} + \sum \gamma_j E_{jn} + \delta \ln Q_n + \varepsilon_n \tag{6-3}$$

$$\ln Y_n = \alpha + \sum \beta_i \ln X_{in} + \sum \gamma_j E_{jn} + \ln(G(Q_n)) + \varepsilon_n \tag{6-4}$$

式(6-3)和(6-4)中,$Y_n$ 表示第 $n$ 个生猪养殖户的生猪养殖收入,$X_i$ 表示除兽用抗生素以外的其他生产要素投入成本,包括仔猪投入、饲料投入和劳动力投入;$E_j$ 表示环境变量,包括兽医服务和生物安全水平;$Q$ 表示兽用抗生素投入成本,$\alpha$,$\beta_i$,$\gamma_j$,$\delta$ 表示待估参数,$\varepsilon$ 表示随机误差项。式(6-3)和式(6-4)

两边分别对 $Q$ 求偏导,可得 C-D 生产函数模型和损害控制模型估计的兽用抗生素边际生产率(marginal vaule product, MVP)的计算公式:

$$MVP(Q) = \frac{\partial Y}{\partial Q} = \beta \frac{Y}{Q} \tag{6-5}$$

$$MVP(Q) = \frac{\partial Y}{\partial Q} = \frac{Y}{G(Q)} \times \frac{\partial G(Q)}{\partial Q} \tag{6-6}$$

当兽用抗生素的 $MVP$ 等于兽用抗生素投入时,可以计算出生猪养殖户经济意义上的兽用抗生素最优使用量 $Q^*$,生猪养殖户兽用抗生素超量使用量 $Q_o$ 为实际兽用抗生素使用量 $Q_n$ 与经济意义上最优使用量 $Q^*$ 的差值,可以表述为:

$$Q_o = Q_n - Q^*$$

(2)生猪养殖户兽用抗生素减量使用行为的影响因素模型。为了对理论分析的结论进行实证检验,在此建立如下计量模型:

$$Y_n = \alpha + \sum \beta_{in} X_{in} + \sum \gamma_{jn} Z_{jn} + \varepsilon_n \tag{6-7}$$

式(6-7)中,$Y_n$ 属于二元分类变量,表征第 $n$ 个生猪养殖户抗生素减量使用行为,若该养殖户实施抗生素减量使用行为则取值为 1,实施抗生素超量使用行为则取值为 0;$X_i$ 表示解释变量,包括政府规制、市场因素、合作组织和养殖规模等方面共 10 个变量;$Z_j$ 表示控制变量,包括生猪养殖户个体特征和经营特征两方面共 5 个变量;$\varepsilon_n$ 表示随机扰动项。

## 6.3 实证结果分析

### 6.3.1 生猪养殖户抗生素最优使用量测算

如前文模型设定中所述,对 C-D 生产函数模型采用最小二乘法(OLS)进行估计,对损害控制模型采用极大似然估计(MLE)。由于迭代中发现损害控制模型中的 Exponential 和 Logistic 分布均无法收敛,因此只分析 C-D 生产函数模型与损害控制模型中 Weibull 分布的估计结果。表 6-2 显示,C-D 生产函数模型与分布函数为 Weibull 分布的损害控制模型的变量系数大小相近,饲料投入和劳动力投入在两个模型中变量系数均为正且在 1% 水平上显著,表明在其他条件不变的情况下，饲料投入和劳动力投入提高了生猪产量，增加了生猪养殖户的养殖收入。值得注意的是，仔猪投入对生猪产量并不存在显著影响，这可能是由于尽管优良品种对于生产力具有直接的促进作用，但是我国养殖户在实际购买仔猪的过程中对于品种的选择较为固定，仔猪投入的增加很大程度上是对仔猪市场供求关系的反映，而不是因为品种的差异，以致无法提升生产力。兽用抗生素投入在 C-D 生产函数模型中变量系数为正，且在 1% 水平上显著，表明兽用抗生素投入降低了生猪产量损失，增加了生猪养殖户的养殖收入。

表 6-2　C-D 生产函数模型与损害控制模型估计结果

| 变量 | C-D 生产函数模型 | Weibull 分布的损害控制模型 |
| --- | --- | --- |
| 常数项 | 0.567 *** (0.209) | 1.713 *** (0.400) |
| 仔猪投入 | 0.201(0.021) | 0.195(0.020) |
| 饲料投入 | 0.739 *** (0.226) | 0.814 *** (0.261) |
| 劳动力投入 | 0.225 *** (0.011) | 0.216 *** (0.011) |
| 抗生素投入 | 0.051 *** (0.014) | — |
| 兽医服务 | 0.021 ** (0.006) | 0.024 * (0.009) |
| 生物安全水平 | 0.014 *** (0.005) | 0.013 ** (0.005) |
| $m$ | — | 0.097 * (0.054) |
| $R^2$ | 0.748 | 0.755 |
| $F\text{-}statistic$ | 197.709 *** | — |
| $-2LL$ | — | 41.294 ** |

注：括号内值为标准误，***，**，* 分别表示在 1%，5%，10% 的统计水平上显著。

根据表 6-2 的估计结果，将生猪养殖户相关变量的平均值代入式（6-6），求出兽用抗生素的边际生产率。估算结果与王建华的结论相近，通过分布函数为 Weibull 分布的损害控制模型估计的兽用抗生素边际生产率接近于 0，即每增加 1 元兽用抗生素投入所增加的生猪产值接近于 0，说明调查地区生猪养殖户已经超量使用兽用抗生素，这意味着单纯增加兽用抗生素使用量已经无法带来额外收益。需要说明的是，在估计兽用抗生素的边际生产率时，没有将使用兽用抗生素造成的环境污染、生猪品质下降、人体健康等外部性影响纳入考察范围，若将其纳入考察范围，所得兽用抗生素的边际生产率更低，甚至可能为负值。

根据表 6-2 的估计结果，计算出生猪养殖户经济意义上的兽用抗生素最优使用量。测算结果如表 6-3 所示，生猪养殖户的兽用抗生素实际平均使用量为

112.27 元/头，兽用抗生素最优使用量为 89.93 元/头，兽用抗生素实际平均使用量超过最优使用量的 24.84%，每头生猪超量使用兽用抗生素 22.34 元。受访生猪养殖户中，超量使用抗生素的生猪养殖户有 408 人，占总数的 71.2%，实施抗生素减量使用行为的生猪养殖户有 165 人，占总数的 28.8%。由此可见，受访生猪养殖户兽用抗生素超量使用现象较为普遍。

表 6-3　生猪养殖户兽用抗生素实际使用量、最优使用量与超量使用情况

单位：元/头

| 项目 | 实际平均使用量 | 最优使用量 | 超量使用量 |
| --- | --- | --- | --- |
| 兽用抗生素 | 112.27 | 89.93 | 22.34 |

根据兽用抗生素使用量，将生猪养殖户兽用抗生素使用行为分为低于或等于标准量使用兽用抗生素和高于标准量使用兽用抗生素。受访生猪养殖户中，高于标准量使用兽用抗生素的生猪养殖户有 456 人，占总数的 79.52%，低于或等于标准量使用兽用抗生素的生猪养殖户有 117 人，占总数的 20.48%。由此可见，调查地区受访生猪养殖户兽用抗生素超量使用现象较为普遍，超量使用兽用抗生素的受访生猪养殖户所占比例和兽用抗生素超量程度较高。

根据兽用抗生素使用量，将生猪养殖户兽用抗生素使用行为分为减量使用行为和超量使用行为两种，用养殖户抗生素最优使用量与实际使用量间的差值来具体表征。在下文的计量模型中，将实际抗生素使用处于最优量及其水平以下的养殖户赋值为 1，表征其抗生素减量使用行为；反之赋值为 0，表示其抗生素超量使用行为。

### 6.3.2　生猪养殖户抗生素减量使用行为影响因素的实证分析

对生猪养殖户抗生素减量使用行为进行 Probit 检验回归，结果见表 6-4。其中，模型 1 为核心解释变量风险厌恶、政府规制、市场因素、产业合作组织、养殖规模的回归，模型 2 为纳入控制变量的回归，模型 3 旨在进一步检验养殖规模对抗生素减量使用行为影响的稳健性，故以畜舍面积（取对数）作为养殖规模的代理变量。比较模型 2 与模型 3，估计结果差异很小，说明用年度生猪出栏数表示养殖规模是稳健的。

表 6-4　生猪养殖户抗生素减量使用行为的模型参数估计

| 变量 | 模型 1 | 模型 2 | 模型 3 |
|---|---|---|---|
| 风险厌恶 | 0.046 * (0.029) | 0.037 * (0.021) | 0.033 * (0.027) |
| 政府宣传 | 0.123(0.028) | 0.286(0.052) | 0.137(0.024) |
| 过程监管 | 0.189 ** (0.087) | 0.010 ** (0.051) | 0.127 ** (0.054) |
| 检验检疫 | 0.021 * (0.013) | 0.013 * (0.007) | 0.051 * (0.031) |
| 违规处罚 | 0.235 ** (0.116) | 0.119 * (0.068) | 0.178 * (0.093) |
| 价格影响 | 0.127 ** (0.513) | 0.074 * (0.045) | 0.055 * (0.029) |
| 销路影响 | 0.046(0.029) | 0.037(0.031) | 0.033(0.027) |
| 加入合作组织 | 0.113(0.122) | 0.118(0.123) | 0.115(0.127) |
| 接受信息服务 | 0.312 * (0.167) | 0.175 * (0.937) | 0.182 * (0.986) |
| 养殖规模(取对数) | 0.176 ** (0.087) | 0.127 ** (0.054) | |
| 养殖规模(取对数)的平方项 | −0.034 * (0.018) | −0.027 * (0.015) | |
| 畜舍面积(取对数) | | | 0.236 ** (0.101) |
| 畜舍面积(取对数)的平方项 | | | −0.049 * (0.026) |
| 性别 | | 0.113(0.064) | 0.141(0.093) |
| 年龄 | | 0.132(0.031) | 0.156(0.072) |
| 受教育程度 | | 0.217(0.423) | 0.129(0.233) |
| 养殖经验 | | −0.375 ** (0.143) | −0.116 * (0.067) |
| 销售合同 | | 0.044(0.710) | 0.050(0.679) |
| 常数项 | 0.652(0.154) | −0.718(0.384) | −1.322(0.118) |
| 样本量 | 573 | 573 | 573 |

注：*，**，*** 分别表示在 10%、5%、1% 的统计水平上显著。当 Prob>chi2 小于 0.1 时表明存在选择性偏差。

(1)风险厌恶对生猪养殖户抗生素减量使用行为的影响。从表 6-4 的模型1 可以看出，风险厌恶对生猪养殖户抗生素减量使用行为在 10% 水平上显著为正，表明风险厌恶型生猪养殖户倾向于减量使用抗生素，这符合农户"理性"假设。但与多个学者研究成果不符，孙若愚和周静，王建华等认为：风险厌恶型生猪养殖户本着"宁过量不少用"的原则，通过过量使用抗生素减少产量损失的潜在风险，其实这也是生猪养殖户在复杂不确定的外部环境下的理性选择。这可能是由于问卷中衡量厌恶风险这道题的题意比较复杂，部分养殖户并没有充分理解；也可能依靠单纯出题难以衡量养殖户风险厌恶的真实水平。

（2）政府规制对生猪养殖户抗生素减量使用行为的影响。政府宣传对生猪养殖户抗生素减量使用行为没有影响，这表明抗生素使用量与生猪病死率密切相关，仅仅依靠政府宣传教育等软性约束效果有限。过程监管在5%水平上显著为正，政府强化对生猪养殖户抗生素等兽药使用过程管理，可以有效促进生猪养殖户实施抗生素减量使用行为。检验检疫在10%水平上显著为正，即检验检疫对生猪养殖户实施抗生素减量使用行为具有积极影响。这主要是因为在对出栏生猪检验检疫中包含兽药残留检验，生猪养殖户为了通过兽药残留检验，需要遵守休药间隔期，并且至少在出栏前期不能超量使用抗生素。违规处罚在5%或10%水平上显著为正，表明违规处罚的威慑力促进生猪养殖户实施抗生素减量使用行为也是积极有效的。

（3）市场因素对生猪养殖户抗生素减量使用行为的影响。价格影响在5%或10%水平上显著为正，即认为减量使用抗生素的生猪产品可以卖个好价钱的生猪养殖户更倾向于实施抗生素减量使用行为。市场收益保证对生猪养殖户实施抗生素减量使用行为发挥着积极推动作用。

（4）合作组织对生猪养殖户抗生素减量使用行为的影响。接受合作组织信息服务在10%水平上显著为正，即合作组织提供信息服务可以促进生猪养殖户实施抗生素减量使用行为。这是由于合作组织提供的疫病防治、抗生素用药推荐剂量等信息可以提升生猪养殖户正确使用抗生素的认知水平。加入合作组织对生猪养殖户抗生素减量使用行为没有影响。

（5）养殖规模对生猪养殖户抗生素减量使用行为的影响。养殖规模和养殖规模的平方项在5%和10%水平上显著为正，表明养殖规模对生猪养殖户抗生素减量使用行为存在倒U形影响，即随着养殖规模的扩大，生猪养殖户倾向于实施抗生素减量使用行为，而随着养殖规模的进一步扩大，生猪养殖户实施抗生素减量使用行为的概率减小了。随着规模的扩大，使用抗生素的总成本增加较快，而每头生猪接受兽医服务的平均成本大幅下降，养殖户倾向于用药前抽血检验或者借助兽医诊断等方式，减少误用抗生素（例如疾病是病毒造成的）或者过量使用抗生素情况发生的可能性；然而随着养殖规模的继续扩大，传染病在畜禽中迅速传播，风险迅速增加，一旦发现生猪患病，养殖户为了降低传染风险，往往需要尽快杀灭致病细菌，治愈患病生猪，因此倾向于大剂量使用抗生素以迅速抑制致病细菌，这导致其倾向于过量使用抗生素。

（6）控制变量对生猪养殖户抗生素减量使用行为的影响。控制变量中只有养殖经验在 5% 或 10% 水平上负向显著,这个结果与预期相反,即养殖户的养殖经验越丰富越倾向于超量使用抗生素。这可能是由于养殖经验丰富的养殖户对生猪疫病更加重视,而且知道如何利用延长休药期来逃避检验检疫中兽药残留超标的检查,因此,有生猪出现疫病时,倾向于大剂量使用抗生素以迅速遏制病情,预防疾病在畜群中的传播。

### 6.3.3 普通户与规模户抗生素减量使用行为影响因素的异质性分析

实证结果验证了养殖规模对生猪养殖户实施抗生素减量使用行为作用呈现倒 U 形变化。不少学者对农户农药/化肥减量化使用行为开展农户规模异质性研究。本小节按照普通户与规模户分类,进一步讨论生猪养殖户抗生素减量使用行为影响因素的养殖规模异质性。

从表 6-5 可以看出,政府规制中政府宣传、过程监督和违规处罚变量对普通户与规模户抗生素减量使用行为影响差异不大,分别在 10% 与 5% 水平上呈现正向显著;市场因素中价格影响对普通户与规模户都存在显著正向影响,而销路影响变量对普通户与规模户抗生素减量使用行为影响存在明显差异,估计结果显示,更稳定的销路可以促进规模户实施抗生素减量使用行为,对普通户却没有影响。这可能是由于规模户生猪出栏量多,市场销售压力大,销售渠道更迭的成本也更高,因此为了更稳定的销路倾向于实施抗生素减量使用行为。接受合作组织信息服务对普通户与规模户抗生素减量使用行为影响也存在明显差异,合作组织提供信息服务,促进了普通户实施抗生素减量使用行为,对规模户却没有影响。

表 6-5 普通户与规模户抗生素减量使用行为的模型参数估计

| 变量 | 普通户 | 规模户 |
| --- | --- | --- |
| 风险厌恶 | 0.058 * (0.034) | 0.031 * (0.017) |
| 政府宣传 | 0.123 (0.028) | 0.137 (0.024) |
| 过程监管 | 0.189 ** (0.087) | 0.127 ** (0.054) |
| 检验检疫 | 0.101 ** (0.051) | 0.127 * (0.061) |
| 违规处罚 | 0.235 * (0.131) | 0.118 * (0.067) |

表6-5(续)

| 变量 | 普通户 | 规模户 |
|------|--------|--------|
| 价格影响 | 0.127 ** (0.063) | 0.055 * (0.291) |
| 销路影响 | 0.046(0.029) | 0.033 ** (0.016) |
| 加入合作组织 | 0.113(0.022) | 0.115(0.027) |
| 接受信息服务 | 0.312 ** (0.157) | 0.182(0.139) |
| 性别 | 0.126(0.083) | 0.114(0.077) |
| 年龄 | 0.113(0.018) | 0.130(0.012) |
| 受教育程度 | 0.173(0.123) | 0.129(0.237) |
| 养殖经验 | −0.128 * (0.076) | −0.116 * (0.064) |
| 销售合同 | 0.057(0.679) | 0.046(0.369) |
| 常数项 | 0.652(0.154) | −1.322(0.118) |
| 样本量 | 228 | 345 |

注: 括号内值为标准误, * , ** , *** 分别表示在10%, 5%, 1%的统计水平上显著。

## 6.4  本章小结

本章利用河北省573家养殖户的调研数据, 首先在理论上借助生产函数来阐释生猪养殖户抗生素使用行为发生的内在机理, 然后构建生猪养殖户抗生素减量使用行为的分析框架, 接着利用C-D生产函数和损害控制模型测度生猪养殖户抗生素减量使用行为, 并着重考察影响生猪养殖户抗生素减量使用行为的主要因素, 最后对普通户与规模户抗生素减量使用行为影响因素进行异质性分析。

本章得出的主要结论有: 第一, 政府规制中过程监管、检验检疫与违规处罚三个变量在5%或10%水平上对生猪养殖户抗生素减量使用行为存在显著正向作用。而政府宣传并不会促进生猪养殖户抗生素减量使用行为的实施。第二, 接受合作组织信息服务在5%水平上对普通户抗生素减量使用行为具有积极影响, 对规模户则没有影响。第三, 生猪养殖户抗生素减量使用行为发生概率随养殖规模增长呈现倒U形变化。第四, 养殖经验在10%水平上对生猪养殖户抗生素减量使用行为存在显著负向影响。

# 第 7 章　生猪养殖户抗生素使用行为的收入效应分析

本章主要运用 C-D 生产函数作为分析工具，考察生猪养殖户抗生素减用途使用行为和减量使用行为对生猪养殖生产率和养殖净收入的影响，并且对普通户和规模户抗生素减用途和减量使用行为的影响因素做差异性分析，以期为促进生猪养殖户抗生素减用途和减量使用行为提供更加全面和深入的参考依据。

## 7.1　分析框架与研究假说

C-D 生产函数，即柯布−道格拉斯生产函数，是测度农业生产投入品生产率的最常用方法，而兽用抗生素属于农业生产投入品。利用 C-D 生产函数，有学者发现使用促生长用途抗生素提高了生猪平均每日增重和饲料转化率，并且降低了生猪死亡率。不过 Dritz 等通过实验对比发现，使用促生长用途抗生素只有在保育阶段会对生猪生长产生显著影响，而在育肥阶段影响并不显著。

有学者指出，农药、兽药属于损害控制型生产投入要素，与一般生产投入要素具有很大差异，并且构建了损害控制模型来估算损害控制型生产投入要素的边际生产率。利用损害控制模型，学者们测算兽用抗生素的边际生产率，结果发现抗生素投入增加可以显著增加美国生猪养殖户的养殖收益。我国学者们通过测算发现，部分生猪养殖户的兽药边际生产率接近于 0，即继续增加兽药投入不会带来额外的经济收益。

由于本章的主要目的是验证养殖户抗生素减用途和减量使用行为对生猪产量是否存在显著影响，如果使用损害控制模型，将不得不构建包含两个变量（减用途使用行为和减量使用行为）的损害控制部分，验证分布情况比较烦琐，而 C-D 生产函数即可胜任研究目的，因此为了简便，本章依旧选用传统的 C-D

生产函数来考察养殖户抗生素减用途和减量使用行为对生猪生产率和净收入的影响,并且进一步分析了普通户与规模户生产率和净收入的差异性(图 7-1)。

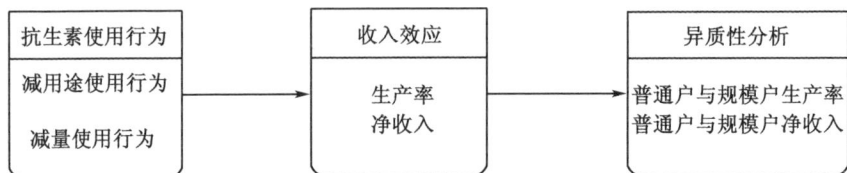

图 7-1　生猪养殖户抗生素使用行为收入效应的分析框架

鉴于前文对抗生素与生产率关系的文献梳理,我们推断生猪养殖户抗生素减用途使用行为,由于生猪养殖户无法将抗生素应用于动物促生长和预防疾病发生,导致生猪生产率下降;而养殖户抗生素减量使用行为,即低于抗生素最优使用量行为,依据前文的估算,将导致生猪生产率降低。最后生产率的下降将直接影响生猪养殖户净收入水平。由此得出以下假说。

假说 H1:生猪生产率受到其抗生素减用途使用行为的负向影响,发生抗生素减用途使用行为的生猪养殖户生产率更低。

假说 H2:生猪生产率受到其抗生素减量使用行为的负向影响,发生抗生素减量使用行为的生猪养殖户生产率更低。

假说 H3:生猪生产率受到其抗生素减用途使用行为的负向影响,发生抗生素减用途使用行为的生猪养殖户净收入更低。

假说 H4:生猪生产率受到其抗生素减量使用行为的负向影响,发生抗生素减量使用行为的生猪养殖户净收入更低。

## 7.2　变量选择与模型设定

### 7.2.1　变量选择

(1)被解释变量。生猪养殖生产率、生猪养殖净收入。本书采用全要素生产率,即养殖户出栏生猪重量与全部生产投入之比,单位是千克/元。2012—2016 年,我国生猪养殖户仔猪投入、饲料投入和劳动力投入三者合计占生猪养殖户全部生产投入的比例平均为96.46%[①]，所以，本书选择这三个指标作为成本变量来表示全部生产投入情况。因此，本书中的全要素生产率具体表示为：

$$\frac{出栏生猪总重量}{饲料投入+仔猪投入+劳动力投入}。$$

关于生猪养殖净收入，一般农民的收入包括农业收入与非农收入。本书主要研究生猪养殖户抗生素使用行为，与其最相关的就是生猪养殖收入，因此本书涉及的收入主要采用2017年生猪养殖净收入衡量，即每头净收入（元/头）。

（2）解释变量。本书将生猪养殖户使用抗生素仅用于治疗疾病用途表征为生猪养殖户抗生素减用途使用行为，取值为1；反之表示生猪养殖户将抗生素用于促进生长或/和预防疾病，参照国外文献命名方式，将促进生长和预防疾病用途抗生素使用行为统称为生猪养殖户抗生素亚治疗使用行为，取值为0。

关于养殖户抗生素减量使用行为，根据兽用抗生素使用量，将生猪养殖户兽用抗生素使用行为分为减量使用行为和超量使用行为两种，用养殖户抗生素最优使用量与实际使用量间的差值来具体表征。在下文的计量模型中，将实际抗生素使用处于最优量及其水平以下的养殖户赋值为1，表征其减量使用抗生素；反之赋值为0，表示其超量使用抗生素。

（3）控制变量。基于上文的理论分析，这里选取的控制变量包括养殖户年龄、受教育程度、养殖经验、养殖规模、生物安全水平和兽医服务以及加入合作组织。

## 7.2.2 模型设定

构建一个简单的生产函数：

$$y_i = \alpha x_i + \beta D_{1i} + \gamma D_{2i} + \varepsilon_i \qquad (7-1)$$

其中，$y_i$ 是因变量，$y_1$ 即生猪养殖生产率，用养殖场出栏生猪的全要素生产率来表示；$y_2$ 即生猪养殖净收入。$x_i$ 表示养殖户个体特征与经营特征的特征向量。$D_{1i}$ 代表第 $i$ 个养殖户抗生素减用途使用行为，即是否仅将抗生素用于治疗疾病，是二元分类虚拟变量，若仅将抗生素用于治疗疾病，赋值为1，表示生猪养殖户实施抗生素减用途使用行为；若生猪养殖户曾将抗生素用于促生长或预

---

[①] 该数值依据2013—2017年《全国农产品成本收益资料汇编》计算得出。

防疾病用途，赋值为 0，表征生猪养殖户实施亚治疗使用行为。$D_{2i}$代表第 $i$ 个养殖户抗生素减量使用行为，即根据兽用抗生素使用量，将生猪养殖户兽用抗生素使用行为分为减量使用行为和超量使用行为两种，将实际抗生素使用处于最优量及其水平以下的养殖户的 $D_{2i}$ 赋值为 1，表征其减量使用抗生素；反之 $D_{2i}$ 赋值为 0，表示其超量使用抗生素。

## 7.3 实证结果分析

回归分析前，首先对解释变量进行相关性检验，检验结果如表 7-1 所示，本研究关注的解释变量相关性较低，对模型估计结果的影响较小。其次对自变量进行共线性诊断，检验结果如表 7-2 所示，自变量的方差膨胀因子平均值为 1.223，所有自变量容忍度均大于 0.700，表明自变量间的相关性不会对模型估计结果产生影响。

表 7-1  解释变量相关系数

| 变量 | 抗生素减用途使用行为 | 抗生素减量使用行为 | 养殖规模 | 年龄 | 受教育程度 | 养殖经验 | 兽医服务 | 加入合作社 | 生物安全水平 |
|---|---|---|---|---|---|---|---|---|---|
| 抗生素减用途使用行为 | 1.000 | | | | | | | | |
| 抗生素减量使用行为 | 0.111 | 1.000 | | | | | | | |
| 养殖规模 | 0.067 | 0.025 | 1.000 | | | | | | |
| 年龄 | 0.074 | 0.046 | 0.125 | 1.000 | | | | | |
| 受教育程度 | 0.098 | 0.102 | 0.114 | 0.086 | 1.000 | | | | |
| 养殖经验 | 0.039 | 0.011 | −0.075 | −0.029 | 0.127 | 1.000 | | | |
| 兽医服务 | 0.079 | 0.089 | 0.131 | 0.090 | 0.078 | 0.100 | 1.000 | | |
| 加入合作社 | 0.077 | −0.028 | 0.047 | −0.052 | 0.022 | 0.040 | 0.108 | 1.000 | |
| 生物安全水平 | 0.046 | −0.038 | 0.125 | 0.098 | −0.088 | −0.050 | 0.138 | 0.066 | 1.000 |

表 7-2　自变量容忍度和方差膨胀因子

| 变量 | 方差膨胀因子 | 容忍度 | 变量 | 方差膨胀因子 | 容忍度 |
|---|---|---|---|---|---|
| 抗生素减用途使用行为 | 1.412 | 0.708 | 养殖经验 | 1.359 | 0.736 |
| 抗生素减量使用行为 | 1.225 | 0.816 | 兽医服务 | 1.323 | 0.756 |
| 养殖规模 | 1.023 | 0.978 | 加入合作社 | 1.395 | 0.717 |
| 年龄 | 1.289 | 0.776 | 生物安全水平 | 1.210 | 0.826 |
| 受教育程度 | 1.112 | 0.899 | | | |

注：当 VIF≤10 时，表示自变量间的多重共线性不严重。

### 7.3.1　生猪养殖户抗生素使用行为对生产率影响的实证分析

对生猪养殖户抗生素减用途使用行为和减量使用行为进行 OLS 初步检验回归，结果见表 7-3。其中，模型 1 为核心解释变量养殖户抗生素减用途使用行为、减量使用行为的回归；模型 2 为纳入控制变量的回归；模型 3 旨在进一步检验养殖户抗生素减量使用行为对生产率影响的稳健性，故以生猪养殖户抗生素投入（单位：元/头）取对数作为养殖户抗生素减量使用行为的代理变量。

从模型 1 的估计结果可以看出，生猪养殖户抗生素减用途使用行为对生产率在 5% 水平上显著负向，表明生猪养殖户实施抗生素减用途使用行为将造成生产率下降；生猪养殖户抗生素减量使用行为在 1% 或 5% 水平上对生产率存在显著的负向影响，也可以理解为与过量使用抗生素相比，抗生素减量使用行为将造成生产率降低。

考虑到用简单二元虚拟变量表示养殖户抗生素减量使用行为来考察其对生产率的影响有可能造成误差问题。据此，模型 3 中，利用实际抗生素投入量（取对数）替换解释变量养殖户抗生素减量使用行为，进一步检验估计结果的稳健性。模型 2 与模型 3 的解释变量，只在显著水平上存在些许差异，由此可见，模型 2 中关于减量使用行为对生产率存在显著负向影响的基本结论具备稳健性。

控制变量养殖经验、养殖规模、生物安全水平和兽医服务对生产率都具有显著的正向影响。结果显示养殖经验与生产率显著正相关，表明经验丰富的养殖户可以通过一些方式（例如更好的生产决策、更高水准的养殖管理等）来提升生产力水平。养殖规模对生产率产生正向影响，这从我国生猪规模化养殖户比例不断增大的发展趋势中得到事实验证。生物安全水平对生猪生产率的正向影响验证了改善卫生条件与减少疾病传染源对生产率的贡献。养殖户年龄、受教育程度、加入合作社没有通过显著性水平检验。

表7–3 生猪养殖户生产率估计

| 变量描述 | 模型1 | 模型2 | 模型3 |
|---|---|---|---|
| 抗生素减用途使用行为 | −0.0161 ** (0.0084) | −0.0149 ** (0.0073) | −0.0136 ** (0.0637) |
| 抗生素减量使用行为 | −0.0096 ** (0.0041) | −0.0073 *** (0.0021) | −0.0431 ** (0.0162) |
| 减用途×减量使用行为 | −0.0716 (0.0643) | −0.0659 (0.0514) | −0.0647 (0.0821) |
| 养殖规模 | | 0.0064 * (0.0037) | 0.0067 * (0.0039) |
| 年龄 | | −0.0058 (0.0036) | −0.0028 (0.0024) |
| 受教育程度 | | −0.0011 (0.0029) | 0.0017 (0.0027) |
| 养殖经验 | | 0.0057 ** (0.0029) | 0.0064 ** (0.0031) |
| 兽医服务 | | 0.0029 ** (0.0014) | 0.0040 * (0.0023) |
| 加入合作社 | | 0.0060 (0.0045) | 0.0048 (0.0043) |
| 生物安全水平 | | 0.0130 *** (0.0027) | 0.0123 *** (0.0028) |
| 常数项 | 1.9742 *** (0.6631) | 1.8949 *** (0.6438) | 2.0056 *** (0.7514) |
| 样本量 | 573 | 573 | 573 |

注：*，**，*** 分别表示在10%，5%，1%的统计水平上显著。当Prob>chi2 小于0.1时表明存在选择性偏差。

### 7.3.2 生猪养殖户抗生素使用行为对收入影响的实证分析

对养殖户抗生素减用途使用行为和减量使用行为进行 OLS 初步检验回归，结果见表7-4。其中，模型1为核心解释变量养殖户抗生素减用途使用行为、减量使用行为的回归；模型2为纳入控制变量的回归；模型3旨在进一步检验养殖户抗生素减量使用行为对收入影响的稳健性，故以抗生素投入（单位：元/头）取对数作为养殖户抗生素减量使用行为的代理变量。

从模型3的估计结果可以看出，生猪养殖户抗生素减用途使用行为对生产率在5%水平上存在显著的负向影响，即实施抗生素减用途使用行为造成生猪养殖户净收入下降；生猪养殖户抗生素减量使用行为对生产率在10%水平上存在显著的负向影响，也可以理解为抗生素减量使用行为造成净收入降低。

与前文生产率估计类似，考虑到用简单二元虚拟变量表示养殖户抗生素减量使用行为来考察其对生产率的影响有可能造成误差问题，利用实际抗生素投入量(取对数)替换解释变量养殖户抗生素减量使用行为,进一步检验估计结果的稳健性。模型 2 与模型 3 的解释变量,只在显著水平上存在些许差异,由此可见,模型 2 中关于减量使用行为对净收入存在显著负向影响的基本结论具备稳健性。

控制变量养殖经验、养殖规模、生物安全水平对净收入都具有显著的正向影响。经验丰富的养殖户在生产决策、养殖技巧等方面优势明显,其养殖经验越丰富,净收入水平越高。养殖规模对生猪养殖户净收入存在正向影响,目前生猪养殖散户越来越少,年出栏生猪超过 500 头的规模化养殖户占比已经超过 50%。兽医服务对净收入的影响在 5% 水平上正向显著,接受兽医服务,可以降低疫病传播、提高用药准确率,最终增加生猪养殖户净收入。生物安全水平对生猪生产力的正向影响,验证了改善卫生条件与减少疾病传染源可以增加生猪养殖户的净收入。养殖户年龄、受教育程度、加入合作社没有通过显著性水平检验。

表 7-4　生猪养殖户养殖收入估计

| 变量描述 | 模型 1 | 模型 2 | 模型 3 |
|---|---|---|---|
| 抗生素减用途使用行为 | -4.342 ** (2.113) | -3.213 ** (1.609) | -3.136 ** (1.551) |
| 抗生素减量使用行为 | -1.849 ** (0.943) | -1.731 * (0.991) | -1.317 * (0.751) |
| 减用途×减量使用行为 | -0.547 (0.378) | -0.319 (0.311) | -0.427 (0.332) |
| 养殖规模 | | 0.642 * (0.385) | 0.679 * (0.417) |
| 年龄 | | -0.583 (0.263) | -0.285 (0.246) |
| 受教育程度 | | -0.115 (0.294) | 0.173 (0.271) |
| 养殖经验 | | 0.577 ** (0.263) | 0.564 ** (0.271) |
| 兽医服务 | | 0.298 ** (0.146) | 0.402 ** (0.196) |
| 加入合作社 | | 0.604 (0.151) | 0.348 (0.139) |
| 生物安全水平 | | 0.836 *** (0.272) | 0.73 *** (0.287) |
| 常数项 | 6.974 *** (0.1631) | 7.942 *** (0.143) | 4.056 *** (0.151) |
| 样本量 | 573 | 573 | 573 |

注:*,**,*** 分别表示在 10%,5%,1% 的统计水平上显著。

### 7.3.3 普通户与规模户收入效应的异质性分析

从表 7-5 的估计结果可以看出,普通户与规模户抗生素使用行为对生产率的影响几乎没有差异。普通户与规模户抗生素减用途使用行为对生猪生产率在1% 或 5% 水平上呈显著负向影响。普通户与规模户抗生素减量使用行为对生猪生产率均在 5% 水平上具有显著负向影响。

普通户与规模户抗生素使用行为对养殖收入的影响存在明显差异。普通户抗生素减量使用行为对收入在 10% 水平上具有显著负向影响,而规模户抗生素减量使用行为对收入影响不显著。

综上所述,生猪养殖户抗生素减量使用行为对其生产率具有显著负向作用;而普通户与规模户抗生素减量使用行为对养殖收入的影响需要加以区别论述,普通户抗生素减量使用行为对收入具有消极影响,而规模户抗生素减量使用行为对收入影响不显著。

表 7-5　抗生素使用行为对普通户与规模户养殖收入影响的估计

| 变量名称 | 生猪养殖生产率 | | 生猪养殖净收入 | |
| --- | --- | --- | --- | --- |
| | 模型 1 | 模型 2 | 模型 1 | 模型 2 |
| | 普通户 | 规模户 | 普通户 | 规模户 |
| 抗生素减用途使用行为 | -0.0251*** (0.0116) | -0.0194*** (0.0057) | -4.457*** (1.682) | -3.153** (1.484) |
| 抗生素减量使用行为 | -0.0194** (0.0913) | -0.0731** (0.3614) | -1.317* (0.751) | -1.262 (0.841) |
| 减用途×减量使用行为 | -0.0392 (0.0311) | -0.0427 (0.0513) | -0.426 (0.319) | -0.371 (0.328) |
| 年龄 | 0.202 (0.139) | -0.583 (0.463) | -0.285 (0.246) | 0.206 (0.139) |
| 受教育程度 | 0.081 (0.062) | -0.115 (0.294) | 0.173 (0.271) | 0.087 (0.062) |
| 养殖经验 | 0.178 (0.387) | 0.577** (0.279) | 0.564** (0.281) | 0.784** (0.385) |
| 兽医服务 | 0.162** (0.079) | 0.298** (0.146) | 0.402* (0.193) | 0.470** (0.236) |
| 加入合作社 | 0.388 (0.423) | 0.604 (0.451) | 0.348 (0.339) | 0.371 (0.401) |
| 生物安全水平 | 0.722* (0.407) | 0.836** (0.421) | 0.235* (0.118) | 0.079*** (0.036) |
| 常数项 | 6.974* (4.1631) | 7.942* (4.143) | 4.056** (2.351) | 0.081 (0.078) |
| 样本量 | 228 | 345 | 228 | 345 |

注: *, **, *** 分别表示在 10%,5%,1% 的统计水平上显著。

## 7.4 本章小结

本章利用河北省 573 家生猪养殖户的调研数据，运用 C-D 生产函数作为分析框架，估计了生猪养殖户抗生素减用途使用行为与减量使用行为对生猪养殖生产率和养殖净收入的影响。研究结果表明，生猪养殖户抗生素减量使用行为对其生产率具有显著负向作用；而普通户与规模户抗生素减量使用行为对养殖收入的影响需要加以区别论述，普通户抗生素减量使用行为对收入具有消极影响，而规模户抗生素减量使用行为对收入影响不显著。据此得出以下结论。

生猪养殖户抗生素减用途使用行为对其生产率和养殖收入均存在显著负向影响，不使用抗生素促进生猪生长造成生猪养殖户生产率与养殖收入下降；生猪养殖户抗生素减量使用行为在 5% 水平上对生猪生产率具有显著负向影响，如果生猪养殖户实施抗生素减量使用行为将造成其生产率降低。普通户抗生素减量使用行为在 10% 水平上对收入具有负向影响，而规模户抗生素减量使用行为对收入影响并不显著，表明普通户实施抗生素减量使用行为将造成其养殖收入减少，而与普通户相比，规模户的养殖收入更可能不受抗生素减量使用行为的影响。养殖经验与兽医服务在 5% 水平上显著正向影响生产率。生物安全水平在 1% 水平上对生产率和养殖收入造成显著正向影响。

# 第8章 生猪养殖户抗生素使用行为的 综合效益评价

由于生猪养殖户抗生素使用行为存在外部性,抗生素使用行为不仅对养殖户自身的生产率、养殖收入等产生内部效应,还会对社会公众与生态环境产生外部效应。然而由于抗生素种类繁多,抗生素残留及细菌耐药的检测过程复杂,并且对社会和生态环境多个方面都会造成影响,因此难以对生猪养殖户抗生素使用行为的外部效应进行客观考量。本章采取客观与主观指标相结合的方法,基于层次分析法和模糊综合评价法对生猪养殖户减用途使用行为和亚治疗使用行为、减量使用行为和超量使用行为的经济效益、社会效益与生态效益进行综合评价。重点考察生猪养殖户抗生素使用行为的外部效应,即社会效益和生态效益,并将经济效益与上一章的收入效应相互印证。

## 8.1 评价对象与分析框架

### 8.1.1 评价对象

本章将针对生猪养殖户两组抗生素使用行为进行综合评价,分别是生猪养殖户抗生素减用途使用行为和亚治疗使用行为、生猪养殖户抗生素减量使用行为和超量使用行为。

(1)生猪养殖户抗生素减用途使用行为和亚治疗使用行为。生猪养殖户使用抗生素主要有三种用途:促生长、预防疾病和治疗疾病。其中促生长和预防疾病需要长期低剂量在生猪饲料或饮水中添加抗生素,与治疗疾病用途相比,这两种用途更容易造成细菌耐药。本书中生猪养殖户抗生素减用途使用行为指使用抗生素仅限于治疗用途,生猪养殖户抗生素亚治疗使用行为指养殖户将抗生素用于促生长或/和预防疾病。

(2)生猪养殖户抗生素减量使用行为和超量使用行为。将抗生素实际使用量低于或等于最优使用量的生猪养殖户视为实施了抗生素减量使用行为,反之为超量使用行为。依据本书测算,实施抗生素减量使用行为的生猪养殖户平均花费为83.4元/头,实施抗生素超量使用行为的生猪养殖户平均花费为123.94元/头,超量养殖户平均抗生素使用水平比减量养殖户高出48.6%,接近五成。

### 8.1.2 分析框架

以往学者对养殖户用药行为的效益评价主要集中在与养殖户密切相关的经济效益,忽视了外部性造成的社会效益和生态效益。本书借鉴对其他类型农户行为综合效益评价的研究方法,首先构建评价指标体系并确定指标权重,然后运用模糊综合评价矩阵对生猪养殖户两组抗生素使用行为(即减用途使用行为和亚治疗使用行为、减量使用行为和超量使用行为)进行效益评价与对比分析,探究不同生猪养殖户抗生素使用行为的经济效益、社会效益、生态效益以及综合效益(图8-1)。

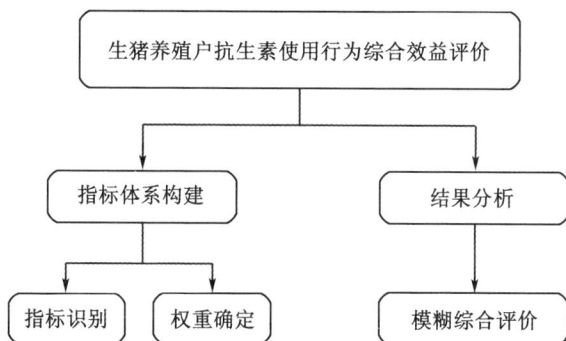

图8-1 生猪养殖户抗生素使用行为综合效益评价分析框架

## 8.2　构建综合评价指标体系

### 8.2.1　选取指标

借鉴前人成果，结合生猪养殖户抗生素使用实际情况，运用层次分析法，构建了一个包含 3 大类指标和 11 个二级指标的生猪养殖户抗生素使用行为综合效益评价指标体系(表 8-1)。

**表 8-1　生猪养殖户抗生素使用行为综合效益评价指标体系**

| 效应来源 | 准则层 | 评价指标名称 | 评价指标描述 | 指标方向 |
|---|---|---|---|---|
| 内部效应 | 经济效益 | 成本利润率($C_{11}$) | 平均每头生猪成本投入与净利润比值 | 正 |
| | | 出栏重量($C_{12}$) | 出栏生猪平均重量 | 正 |
| | | 料肉比($C_{13}$) | 生猪体重每增加 1 公斤，消耗的饲料重量 | 负 |
| | | 死亡率($C_{14}$) | 生猪死亡率＝死亡头数/(期初存栏数+期间增加数) | 负 |
| 外部效应 | 社会效益 | 舆情关注($C_{21}$) | 兽用抗生素引发问题的舆情关注 | 负 |
| | | 保障供给($C_{22}$) | 保障生猪产品市场供给总量 | 正 |
| | | 劳动力容纳($C_{23}$) | 养殖过程需要用工容纳劳动力 | 正 |
| | 生态效益 | 抗生素残留($C_{31}$) | 生猪产品抗生素残留对消费者健康的危害 | 负 |
| | | 细菌耐药($C_{32}$) | 致病细菌耐药对人类和动物的威胁 | 负 |
| | | 土壤污染($C_{33}$) | 生猪排泄物抗生素残留造成土壤资源污染 | 负 |
| | | 水污染($C_{34}$) | 生猪排泄物抗生素残留造成水资源污染 | 负 |

本评价指标体系由 3 个层次组成：第一层为目标层，即生猪养殖户抗生素使用行为综合效益评价结果，其由准则层各项综合指标加以体现，从总体上反映生猪养殖户抗生素使用行为产生的综合效益；第二层为准则层，包括经济效益、社会效益和生态效益 3 个子系统，分别由指标层各二级指标加以体现；第三层为指标层，包括 11 个具体指标，分别是成本利润率、出栏重量、料肉比、死亡率、舆情关注、保障供给、劳动力容纳、抗生素残留、细菌耐药、土壤污染和水污染。评价指标可以分为正向指标和负向指标两类，其中正向指标的指标值越大越好，本评价指标体系中成本利润率、出栏重量、保障供给和劳动力容纳属于正向指标；负向指标的指标值越小越好，本评价指标体系中料肉比、死

亡率、舆情关注、抗生素残留、细菌耐药、土壤污染和水污染属于负向指标。

## 8.2.2 确定权重

（1）建立判断矩阵，进行层次单排序。由于指标权重大小代表着其相对重要性，并且对综合评价结果产生重要影响，因此，确定数值合理的指标权重直接决定着评价指标体系的构建质量。为了减少主观评价造成偏离实际，本研究先咨询畜牧兽医和畜牧经济专家，再依据专家咨询意见和生猪养殖户抗生素使用实际情况，建立判断矩阵对评价指标进行两两比较，然后求出评价指标权重，进行一致性检验并对所得权重进行归一化处理，结果如表 8-2 至表 8-5 所示。

表 8-2　一级指标层判断矩阵及权重

| 准则层 | 经济效益（$B_1$） | 社会效益（$B_2$） | 生态效益（$B_3$） | 初始权重 | 归一化后权重 |
|---|---|---|---|---|---|
| $B_1$ | 1 | 2.5 | 1.5 | 0.785 | 0.482 |
| $B_2$ | 0.4 | 1 | 0.546 | 0.304 | 0.187 |
| $B_3$ | 0.667 | 1.833 | 1 | 0.54 | 0.331 |

注：$\lambda = 3.0014$，$CI = 0.0007$，$CR = 0.0014 < 0.1$。

表 8-3　经济效益指标判断矩阵及权重

| 经济效益 | 成本利润率（$C_{11}$） | 出栏重量（$C_{12}$） | 料肉比（$C_{13}$） | 死亡率（$C_{14}$） | 初始权重 | 归一化后权重（$w_1$） |
|---|---|---|---|---|---|---|
| $C_{11}$ | 1 | 2.333 | 2.5 | 3 | 0.817 | 0.455 |
| $C_{12}$ | 0.429 | 1 | 0.667 | 0.429 | 0.241 | 0.134 |
| $C_{13}$ | 0.4 | 1.5 | 1 | 1.667 | 0.398 | 0.222 |
| $C_{14}$ | 0.333 | 2.333 | 0.6 | 1 | 0.34 | 0.189 |

注：$\lambda = 4.1562$，$CI = 0.052$，$CR = 0.059 < 0.1$。

表 8-4　社会效益指标判断矩阵及权重

| 社会效益 | 舆情关注（$C_{21}$） | 保障供给（$C_{22}$） | 劳动力容纳（$C_{23}$） | 初始权重 | 归一化后权重（$w_2$） |
|---|---|---|---|---|---|
| $C_{21}$ | 1 | 1.333 | 2.5 | 0.774 | 0.47 |
| $C_{22}$ | 0.75 | 1 | 1.5 | 0.539 | 0.327 |
| $C_{23}$ | 0.4 | 0.667 | 1 | 0.334 | 0.203 |

注：$\lambda = 3.0056$，$CI = 0.028$，$CR = 0.031 < 0.1$。

表 8-5　生态效益指标判断矩阵及权重

| 经济效益 | 抗生素残留($C_{31}$) | 细菌耐药($C_{32}$) | 土壤污染($C_{33}$) | 水污染($C_{34}$) | 初始权重 | 归一化后权重($w_3$) |
|---|---|---|---|---|---|---|
| $C_{31}$ | 1 | 1.667 | 3 | 2.5 | 0.769 | 0.422 |
| $C_{32}$ | 0.6 | 1 | 2.333 | 1.5 | 0.489 | 0.268 |
| $C_{33}$ | 0.333 | 0.429 | 1 | 0.461 | 0.208 | 0.114 |
| $C_{34}$ | 0.4 | 0.667 | 2.167 | 1 | 0.357 | 0.196 |

注：$\lambda = 4.033$，$CI = 0.0165$，$CR = 0.019 < 0.1$。

（2）进行层次总排序，得到指标体系权重。通过对上述各判断矩阵归一化权重进一步计算，最终得到综合效益评价指标体系各指标权重，如表 8-6 所示。

表 8-6　生猪养殖户抗生素使用行为综合评价指标体系权重

| 因素名称 | 因素权重 $H$ | 评价指标名称 | 指标权重 $w_i$ | 综合权重 |
|---|---|---|---|---|
| 经济效益 ($B_1$) | 0.482 | 成本利润率($C_{11}$) | 0.455 | 0.219 |
| | | 出栏重量($C_{12}$) | 0.134 | 0.065 |
| | | 料肉比($C_{13}$) | 0.222 | 0.107 |
| | | 死亡率($C_{14}$) | 0.189 | 0.091 |
| 社会效益 ($B_2$) | 0.187 | 舆情关注($C_{21}$) | 0.47 | 0.088 |
| | | 保障供给($C_{22}$) | 0.327 | 0.061 |
| | | 劳动力容纳($C_{23}$) | 0.203 | 0.038 |
| 生态效益 ($B_3$) | 0.331 | 抗生素残留($C_{31}$) | 0.422 | 0.140 |
| | | 细菌耐药($C_{32}$) | 0.268 | 0.089 |
| | | 土壤污染($C_{33}$) | 0.114 | 0.038 |
| | | 水污染($C_{34}$) | 0.196 | 0.065 |

注：$CI = 0.036$，$RI = 0.821$，$CR = 0.044 < 0.1$。

## 8.3 评价结果分析

### 8.3.1 模糊综合评价

聘请相关领域专家,组成 12 人专家小组,专家包括 5 名畜牧兽医,4 名养殖经验丰富、受教育程度在大专及以上的生猪养殖户,还有 3 名是市、县农业农村局领导。请专家对两组生猪养殖户抗生素使用行为的社会效益和生态效益各项指标进行打分评价,打分标准是最低 0 分,满分 1 分。最后把专家打分的平均分作为各项评价指标的得分。经济效益使用的是本书问卷调查得到的客观数据[①]。

考虑到指标体系中各项指标量纲不同,需要对各项评价指标进行无量纲化处理。这里借助模糊数学隶属度函数中的半梯形函数,实现各评价指标的无量纲化。采用升半梯形函数对正向指标进行无量纲化及隶属度计算,采用降半梯形函数对负向指标进行无量纲化及隶属度计算,具体公式如下:

$$
\begin{aligned}
r_{ij} &= \frac{X_{ij}}{X_{\max}} (\text{当 } X_{ij} \text{属于正向指标时}) \\
r_{ij} &= \frac{X_{\min}}{X_{ij}} (\text{当 } X_{ij} \text{属于负向指标时})
\end{aligned}
\tag{8-1}
$$

式(8-1)中,$X_{ij}$ 为专家对第 $i$ 类生猪养殖户抗生素使用行为的打分结果,$r_{ij}$ 表示模糊矩阵 **R** 上的元素。依照上述思路,可以得出两组生猪养殖户抗生素使用行为的经济效益、社会效益和生态效益指标模糊矩阵,如表 8-7 至表 8-9 所示。

从表 8-7 计算结果看,第一组对比中,生猪养殖户抗生素减用途使用的经济效益全部小于亚治疗使用,其中差距最大的是料肉比,抗生素减用途使用将增加料肉比,显著提高生猪养殖户的养殖成本。第二组对比中,生猪养殖户抗生素减量使用的经济效益全部小于超量使用,其中差距最大的是死亡率,抗生素减量使用将使生猪死亡率提高,造成生猪养殖户蒙受损失。

---

① 考虑到经济效益评价不可或缺,为了不影响专家对效益评价在心理上的整体感受,专家对经济效益也需做出主观评价,只是后期这部分评价结果不用于数据分析。

表 8-7　经济效益模糊关系矩阵 $R_1$

| 经济效益 | 第一组对比（$R_{11}$） | | 第二组对比（$R_{12}$） | |
|---|---|---|---|---|
| | 减用途使用 | 亚治疗使用 | 减量使用 | 超量使用 |
| 成本利润率（$C_{11}$） | 0.941 | 1 | 0.953 | 1 |
| 出栏重量（$C_{12}$） | 0.937 | 1 | 0.947 | 1 |
| 料肉比（$C_{13}$） | 0.89 | 1 | 0.94 | 1 |
| 死亡率（$C_{14}$） | 0.965 | 1 | 0.903 | 1 |

从表 8-8 计算结果看，第一组对比中，生猪养殖户抗生素减用途使用的保障供给社会效益小于亚治疗使用，舆情关注和劳动力容纳社会效益则大于亚治疗使用，其中差距最大的是保障供给，亚治疗使用抗生素可以有效保障生猪产品供给总量。第二组对比中，生猪养殖户抗生素减量使用的保障供给社会效益小于超量使用，舆情关注和劳动力容纳社会效益则大于超量使用，其中差距最大的是舆情关注，减量使用可以明显降低社会对抗生素使用问题的舆情关注。

表 8-8　社会效益模糊关系矩阵 $R_2$

| 社会效益 | 第一组对比（$R_{21}$） | | 第二组对比（$R_{22}$） | |
|---|---|---|---|---|
| | 减用途使用 | 亚治疗使用 | 减量使用 | 超量使用 |
| 舆情关注（$C_{21}$） | 1 | 0.903 | 1 | 0.82 |
| 保障供给（$C_{22}$） | 0.89 | 1 | 0.915 | 1 |
| 劳动力容纳（$C_{23}$） | 1 | 0.970 | 1 | 0.94 |

从表 8-9 计算结果看，第一组对比中，生猪养殖户抗生素减用途使用的生态效益全部大于亚治疗使用，表明减用途使用抗生素可以有效提升生态效益，其中差距最大的是水污染，可以看出生猪养殖户抗生素亚治疗使用行为对水资源污染比较严重。第二组对比中，生猪养殖户抗生素减量使用的生态效益全部大于超量使用，表明减量使用抗生素能够提升生态效益，其中差距最大的是抗生素残留，表明超量使用抗生素将增加生猪产品抗生素残留风险，威胁食品安全。

表 8-9　生态效益模糊关系矩阵 $R_3$

| 生态效益 | 第一组对比（$R_{31}$） | | 第二组对比（$R_{32}$） | |
|---|---|---|---|---|
| | 减用途使用 | 亚治疗使用 | 减量使用 | 超量使用 |
| 抗生素残留（$C_{31}$） | 1 | 0.892 | 1 | 0.716 |
| 细菌耐药（$C_{32}$） | 1 | 0.767 | 1 | 0.875 |

表8-9(续)

| 生态效益 | 第一组对比($R_{31}$) | | 第二组对比($R_{32}$) | |
|---|---|---|---|---|
| | 减用途使用 | 亚治疗使用 | 减量使用 | 超量使用 |
| 土壤污染($C_{33}$) | 1 | 0.834 | 1 | 0.883 |
| 水污染($C_{34}$) | 1 | 0.65 | 1 | 0.785 |

## 8.3.2 效益分析

将二级评价指标权重矩阵 $w_i$ 与对应模糊评价矩阵相乘,即可得到两组生猪养殖户抗生素使用行为经济效益、社会效益和生态效益的模糊评价值。

$$B_{ij} = w_i R_{ij} \tag{8-2}$$

式(8-2)中,$i=1$, 2, 3, 分别表示经济效益、社会效益和生态效益;$j=1$, 2, 分别表示两组抗生素使用行为,即生猪养殖户抗生素减用途使用行为和亚治疗使用行为、生猪养殖户抗生素减量使用行为和超量使用行为。

$B_{11} = [0.934, 1]$, $B_{12} = [0.94, 1]$

$B_{21} = [0.964, 0.948]$, $B_{22} = [0.972, 0.903]$

$B_{31} = [1, 0.804]$, $B_{32} = [1, 0.791]$

将一级指标层权重矩阵 $H$ 与二级指标评价矩阵相乘,即可得到两组生猪养殖户抗生素使用行为综合效益评价矩阵:

$H = [0.482, 0.187, 0.331]$

$B_1 = [0.961, 0.925]$, $B_2 = [0.966, 0.913]$

(1)生猪养殖户抗生素减用途使用行为和亚治疗使用行为比较分析。从经济效益来看,生猪养殖户抗生素减用途使用行为的经济效益得分为0.934,亚治疗使用行为的经济效益得分为1,表明生猪养殖户实施抗生素减用途使用行为会降低其经济效益,这一结论与上一章"生猪养殖户实施抗生素减用途使用行为会降低其净收入"的结论是一致的。

从社会效益来看,生猪养殖户抗生素减用途使用行为的社会效益得分为0.964,亚治疗使用行为的社会效益得分为0.948,表明生猪养殖户实施抗生素减用途使用行为使社会效益有所提升,不过幅度有限。

从生态效益来看,生猪养殖户抗生素减用途使用行为的生态效益得分为1,亚治疗使用行为的生态效益得分为0.804,两者相差很大,表明生猪养殖户实施抗生素减用途使用行为可以大幅提升生态效益。

从综合效益来看，生猪养殖户抗生素减用途使用行为的综合效益得分为0.961，亚治疗使用行为的综合效益得分为0.925，表明生猪养殖户实施抗生素减用途使用行为有助于提升综合效益。

（2）生猪养殖户抗生素减量使用行为和超量使用行为比较分析。从经济效益来看，生猪养殖户抗生素减量使用行为的经济效益得分为0.94，超量使用行为的经济效益得分为1，表明生猪养殖户实施抗生素减量使用行为会降低其经济效益，这一结论与上一章"生猪养殖户实施抗生素减量使用行为会降低其净收入"的结论是一致的。

从社会效益来看，生猪养殖户抗生素减量使用行为的社会效益得分为0.972，超量使用行为的社会效益得分为0.903，表明生猪养殖户实施抗生素减量使用行为可以使社会效益获得较大提升。

从生态效益来看，生猪养殖户抗生素减量使用行为的生态效益得分为1，超量使用行为的生态效益得分为0.791，这是所有评价值中相差最大的一组数据，表明生猪养殖户实施抗生素减量使用行为可以大幅提升生态效益。

从综合效益来看，生猪养殖户抗生素减量使用行为的综合效益得分为0.966，超量使用行为的综合效益得分为0.913，表明生猪养殖户实施抗生素减量使用行为有助于提升综合效益。

## 8.4 本章小结

本章运用层次分析法与模糊综合评价模型，评价了两组生猪养殖户抗生素使用行为的经济效益、社会效益、生态效益和综合效益，并对生猪养殖户抗生素减用途使用行为和亚治疗使用行为、生猪养殖户抗生素减量使用行为和超量使用行为给出经济效益、社会效益、生态效益和综合效益排序，为相关政府部门制定政策提供了参考依据。

本章的主要结论是：生猪养殖户抗生素减用途使用行为的经济效益低于亚治疗使用行为，生猪养殖户抗生素减量使用行为的经济效益低于超量使用行为；生猪养殖户抗生素减用途使用行为的社会效益高于亚治疗使用行为，生猪养殖户抗生素减量使用行为的社会效益高于超量使用行为；生猪养殖户抗生素减用途使用行为的生态效益明显高于亚治疗使用行为，生猪养殖户抗生素减量使用行为的生态效益明显高于超量使用行为；尽管生猪养殖户抗生素减用途和减量使用行为经济效益较低，但是与亚治疗和超量使用行为相比，两者具有更高的社会效益和生态效益，最终使其综合效益更高。

# 第9章 研究结论、政策建议与研究展望

## 9.1 研究结论

(1)生猪养殖户抗生素使用行为理论分析。依据农户行为理论，生猪养殖户是否实施抗生素减用途和减量使用行为取决于该行为的期望总效用。生猪养殖户个体特征、经营特征、政府规制、市场因素、产业合作组织和养殖规模等因素通过影响实施抗生素使用行为的期望总效用；进而对生猪养殖户是否实施抗生素减用途和减量使用行为产生影响。通过博弈论进一步分析，表明强化政府规制中检验检疫、违规处罚力度、政策补贴等措施，将会对生猪养殖户实施抗生素减用途和减量使用行为产生积极影响。而加入合作组织与接受信息服务也会推动生猪养殖户实施抗生素减用途和减量使用行为。另外，健全的"优质优价"的市场机制也能够在一定程度上提升生猪养殖户实施抗生素减用途和减量使用行为的积极性。生猪养殖户实施抗生素减用途和减量使用行为可能对生产率和净收入产生消极影响。由于外部性的存在，仅仅考察抗生素减用途和减量使用行为对生猪养殖户带来的负的内部效应是不全面的，还应该考量生猪养殖户实施抗生素减用途和减量使用行为对整个社会和生态环境带来的正向效应。

(2)生猪养殖户抗生素减用途使用行为及其影响因素分析。政府规制中，政府宣传、过程监管与处罚力度对生猪养殖户抗生素减用途使用行为均存在显著正向影响。增加政府宣传、强化养殖过程中对养殖户抗生素使用的监管、加大处罚力度，可以有效抑制生猪养殖户促生长用途的抗生素使用。市场因素中，价格影响与销路影响均对生猪养殖户抗生素减用途使用行为产生显著正向影响。不使用抗生素促生长的生猪产品卖个好价钱以及获得更稳定销路，可以

推动生猪养殖户实施抗生素减用途使用行为。从产业合作组织来看，加入合作组织对生猪养殖户实施抗生素减用途使用行为没有影响，这主要是由于不少合作社流于形式，并没有为社员提供实质性服务。接受信息服务显著正向影响生猪养殖户抗生素减用途使用行为，表明养殖户接受合作组织的信息服务能够有效促进生猪养殖户抗生素减用途使用行为。

(3)生猪养殖户抗生素减量使用行为及其影响因素分析。第一，政府规制中过程监管、检验检疫与处罚力度三个变量在5%或10%水平上对生猪养殖户抗生素减量使用行为存在显著正向作用。然而政府宣传并不会促进生猪养殖户抗生素减量使用行为的实施。第二，接受合作组织信息服务在5%水平上对普通户抗生素减量使用行为具有积极影响，对规模户则没有影响。第三，生猪养殖户抗生素减量使用行为发生概率随养殖规模增长呈现倒U形变化。第四，养殖经验在10%水平上对生猪养殖户抗生素减量使用行为存在显著负向影响。

(4)生猪养殖户抗生素使用行为对生产率和养殖收入的影响。生猪养殖户抗生素减用途使用行为对其生产率和养殖收入均存在显著负向影响，不使用抗生素促进生猪生长造成生猪养殖户生产率与养殖收入下降；生猪养殖户抗生素减量使用行为在5%水平上对生猪生产率具有显著负向影响，如果生猪养殖户实施抗生素减量使用行为将造成其生产率降低。普通户抗生素减量使用行为在10%水平上对收入具有负向影响，而规模户抗生素减量使用行为对收入影响并不显著，表明普通户实施抗生素减量使用行为将造成其养殖收入减少，而与普通户相比，规模户的养殖收入更可能不受抗生素减量使用行为的影响。养殖经验与兽医服务在5%水平上显著正向影响生产率。生物安全水平在1%水平上对生产率和养殖收入造成显著正向影响。

(5)生猪养殖户抗生素使用行为综合效益分析。运用层次分析法与模糊综合评价模型，对生猪养殖户抗生素减用途使用行为和亚治疗使用行为、生猪养殖户抗生素减量使用行为和超量使用行为做出经济效益、社会效益、生态效益和综合效益评价。生猪养殖户抗生素减用途使用行为的经济效益低于亚治疗使用行为，生猪养殖户抗生素减量使用行为的经济效益低于超量使用行为；生猪养殖户抗生素减用途使用行为的社会效益高于亚治疗使用行为，生猪养殖户抗生素减量使用行为的社会效益高于超量使用行为；生猪养殖户抗生素减用途使用行为的生态效益明显高于亚治疗使用行为，生猪养殖户抗生素减量使用行为的生态效益明显高于超量使用行为。尽管生猪养殖户抗生素减用途和减量使用行为经济效益较低，但是与亚治疗和超量使用行为相比，两者具有更高的社会效益和生态效益，最终使其综合效益更高。

## 9.2　政策建议

我国是兽用抗菌药物生产和使用大国。兽用抗菌药物在防治动物疾病、提高养殖效益、保障畜禽水产品有效供给中，发挥了重要作用。但是，养殖环节抗生素使用不尽合理、从业人员科学用药意识不强、公众对细菌耐药性认知度不高等问题依然存在，加之国家动物源细菌耐药性风险评估和防控体系薄弱，细菌耐药形势日趋严峻。如何促进生猪养殖户实施抗生素减用途和减量使用行为是本书关注的重点。针对本书研究结论，提出以下几点政策建议。

第一，推出专项政府补贴，加大违规处罚力度。

推出"规范用抗"专项补贴，提高生猪养殖户抗生素减用途和减量使用行为的收益预期。实施抗生素减用途和减量使用行为会造成生猪养殖户收入损失，但对于整个社会和生态环境的益处远大于养殖户的损失，政府需要对生猪养殖户收入损失进行补贴，从而激发生猪养殖户实施抗生素减用途和减量行为的积极性与主动性。考虑到对生猪养殖户抗生素减用途和减量使用行为验收需要执行成本，而且规模户实施抗生素减用途或减量使用行为的比例更大，建议借鉴国家对生猪标准化规模养猪场补贴制度，专项补贴只针对实施抗生素减用途和减量使用行为的规模户，这样既节约了验收成本，也为生猪养殖户规模化发展提供支持。

加大"违规用抗"处罚力度，增加生猪养殖户抗生素亚治疗和超量使用行为的成本预期。正如"醉驾入刑"一样，处罚力度要对企图"违规用抗"的生猪养殖户形成震慑力，达到防患于未然的效果。同时要明确"违规用抗"标准。目前，我国政府全面禁止抗生素的促生长用途，然而，对预防疾病用途抗生素使用并没有做出明确规定，而且从欧美国家兽用抗生素管理实践看，部分生猪养殖户可能以预防疾病用途的名义实施抗生素促生长用途。建议尽快对预防疾病用途抗生素引入兽医处方药机制，生猪养殖户只有凭借专业兽医开具的处方才能够购买用于预防疾病的抗生素，以此来减少预防疾病用途抗生素滥用情形发生。

第二，开展更有针对性的政府宣传，提升养殖过程监管效能。

政府宣传可以依据生猪养殖户养殖规模有所差异。目前对生猪养殖规模户的政府宣传力度大于普通户,而普通户恰恰是对合理使用抗生素认知水平低的群体。针对普通户数量多、分布广、监管成本高、对抗生素认知水平低的特点,多通过宣传栏、讲座和线上自媒体等多种途径进行政府宣传活动,向生猪养殖户宣传在养殖生产过程中实施抗生素减用途和减量使用行为的紧迫性、必要性和重要性,并且突出宣传违规使用抗生素的处罚措施。针对规模户数量少、对抗生素认知水平高的特点,更多开展专家咨询式服务,例如,协助规模户建立健全用药制度规范,对国家抗生素管控政策的具体疑问给予解答等。另外,政府宣传不应该局限于生猪养殖户,只有提高消费者和社会公众对细菌耐药危害的认知度,才可能形成市场价格倒逼,生猪养殖户才会主动在养殖生产中实施抗生素减用途和减量使用行为。

目前,政府对生猪养殖的末端治理给予高度重视,然而主要依靠检验检疫和违规处罚手段的末端治理执行难度大、执行成本高。对生猪养殖户抗生素使用过程控制的监管力度不足,近半数受访生猪养殖户在养殖过程中没有受到抗生素使用情况的监督检查。

政府相关部门应侧重于对生猪养殖户抗生素使用全过程的监管,要求生猪养殖户建立抗生素使用过程专项档案,加大抽检和巡检力度,对于不符合抗生素使用规范的生猪养殖户要及时发现、及时处理,降低末端治理难度。

第三,促进产业合作组织与生猪养殖户紧密联结,提升其信息服务水平。

只有真正给生猪养殖户带来切实的利益,产业合作组织对生猪养殖户才具备强的号召力与吸引力。为提高生猪养殖户组织化程度,必须做大做强集体经济,在提高产业合作组织整体养殖收益的同时,保障好组员的切身利益。政府相关部门一方面需要为产业合作组织提供助力,通过信息平台、金融服务等政策推动产业合作组织深入养殖户生猪养殖全过程,为生猪养殖户提供精准服务;另一方面,需要做好空壳合作组织的清退工作,对不能切实服务组织成员的合作组织坚决予以取缔。

在现代生猪养殖业发展中,产业合作组织服务功能的定位逐渐清晰。产业合作组织提供的技术培训、信息服务和基础设施配备等是生猪养殖户加入产业合作组织的重要原因。事实表明,产业合作组织提供的养殖技术培训、生物安全管理、疫病防控等信息服务在一定程度上促进了生猪养殖户实施抗生素减用途和减量使用行为,但是产业合作组织为生猪养殖户成员提供信息服务的比例偏低，信息服务内容缺乏针对性。政府相关部门应该充分发挥桥梁作用，促进高校、科研院所、畜牧兽医服务站与产业合作组织密切协作，为生猪养殖户提供能解决其切身实际问题的信息服务。

第四，切实发挥市场导向作用，确保生猪产品交易实现"优质优价"。

发挥市场导向作用，利用消费者"货币投票"引导生猪养殖户实施抗生素减用途和减量使用行为。部分生猪养殖户之所以冒着违规被处罚的风险也不愿实施抗生素减用途和减量使用行为，根本原因是生猪产品市场质量安全信息不通畅，生猪产品收购商和最终消费者不能识别生猪产品抗生素使用的过程信息（生猪养殖户是否实施抗生素减用途和减量使用行为）和结果信息（是否存在抗生素残留）。现实中，生猪产品市场的情况是，基于巨大竞争压力，大部分规范使用抗生素的生猪产品与一般产品价格上相差不大，生猪养殖户规范的抗生素使用行为在市场上无法通过"优质优价"的形式表现出来，这必然会打击生猪养殖户实施抗生素减用途和减量使用行为的积极性。

将抗生素使用信息纳入农产品合格证制度。为了减少市场信息的不对称性与不完全性，有必要增加生猪养殖户抗生素使用行为信息透明度，可以尝试对试点地区建立类似美国的抗生素使用信息标签与农产品合格证相结合制度。同时建立并形成优质优价机制，通过将不同抗生素使用用途与使用水平的生猪产品区分开，形成有差异的价格收购机制，通过市场价格与信誉机制来倒逼生猪养殖户实施抗生素减用途和减量使用行为。

第五，继续推动规模化进程，扶持生猪养殖户开展"低抗"养殖。

推动生猪养殖户规模化发展，不仅可以提高生产效率和生物安全管理水平，缓解生猪养殖造成的环境污染问题，还可以有效促进生猪养殖户实施抗生素减用途和减量使用行为，降低对生猪养殖户抗生素使用行为政府规制的执行成本。生猪养殖户规模化发展应与标准化建设相结合，政府相关部门通过标准化养猪场补贴、农业贷款、养殖保险补贴等方式，为生猪养殖户规模化、标准化发展提供支持。

扶持有条件的生猪养殖户开展"低抗"养殖。与禽类和水产养殖不同，生猪养殖周期长，单个仔猪投入大，一旦发生细菌感染，抗生素治疗几乎是唯一选择，因此大范围实现生猪"无抗"养殖是不现实的[①]。开展"低抗"养殖的主

---

① 当前媒体和某些生猪养殖科技公司宣传的"无抗"养殖，指的是饲料中"无抗"或者预防疾病"无抗"，并不是生猪养殖全过程完全不使用抗生素。

要途径是生猪养殖户采取技术手段或者管理措施实现对抗生素某些用途的有效替代，包括鼓励生猪养殖户利用益生菌技术改善猪群的胃肠道功能，提高饲料利用效率，促进生猪生长；通过强化生物安全管理水平，降低猪群细菌感染患病威胁，减少对预防疾病用途抗生素的依赖。政府相关部门需要推动生猪生产规模化、集约化、标准化进程，扶持有条件的生猪养殖户积极开展"低抗"养殖，对成功经验及时总结，迅速推广，促进生猪养殖业健康发展。

## 9.3 研究展望

本书对生猪养殖户抗生素使用行为及其效应研究中，仍然存在一定的局限性，以下几点是今后进一步研究的方向。

第一，生猪养殖户抗生素使用行为是一个多周期动态决策过程，由于研究经费和时间受限，本研究只调查了河北省生猪养殖户一年的截面数据，在以后的研究中，尽量对生猪养殖户采取多年跟踪调查，争取获得面板数据，以提高理论与实证分析的严谨性。而且，生猪养殖受到气候、水源等自然环境影响，不同地区生猪成长的自然禀赋具有很大差异，导致生猪养殖户抗生素使用行为存在地区差别。有必要收集不同地区样本数据，从地理空间视角，探讨不同的、有代表性的地理区域生猪养殖户抗生素使用行为发生机理、影响因素以及抗生素使用行为内外部效应存在的异同。

第二，本研究虽然对生猪养殖户抗生素减用途和减量使用行为的外部效应（社会效益和生态效益）进行了量化评价，但是难以作为对生猪养殖户抗生素减用途和减量使用行为制定补偿标准的具体依据。在后续的研究中，需要对生猪养殖户减用途和减量使用行为的补偿标准进行深入探索，力争做到补偿标准明确，验收成本较低。另外，欧盟国家在 2006 年禁用促生长用途抗生素，曾导致其预防疾病用途抗生素用量激增，我国从 2020 年 7 月 1 日开始已经正式禁用促生长用途抗生素，如何防止养殖户借预防疾病之名行促进生长之实，值得进一步探讨研究。

# 参考文献

[1] 白俊红，聂亮.技术进步与环境污染的关系：一个倒 U 形假说[J].研究与发展管理，2017，29（3）：131-140.

[2] 宾幕容，覃一枝，周发明.湘江流域农户生猪养殖污染治理意愿分析[J].经济地理，2016，36（11）：154-160.

[3] 蔡健.教育不足、地区差异与农药认知：基于广东省 11 个县 272 位稻农的实证分析[J].当代经济科学，2013，35（6）：78-85.

[4] 曹建民，胡瑞法，黄季焜.技术推广与农民对新技术的修正采用：农民参与技术培训和采用新技术的意愿及影响因素分析[J].中国软科学杂志，2005（6）：60-66.

[5] 陈和午.农户模型的发展与应用：文献综述[J].农业技术经济，2004（3）：2-10.

[6] 陈丽华，张卫国，田逸飘.农户参与农产品质量安全可追溯体系的行为决策研究：基于重庆市 214 个蔬菜种植农户的调查数据[J].农村经济，2016（10）：106-113.

[7] 陈艳红，胡胜德.农户优质稻米种植意愿分析：基于黑龙江省 359 个普通水稻种植户的调查[J].农业技术经济，2014（10）：106-110.

[8] 陈怡秀，胡元林.重污染企业环境行为影响因素实证研究[J].科技管理研究，2016，36（13）：260-266.

[9] 陈昭玖，周波，李丽群.探索我国畜产品行业协会发展的对策研究[J].江西农业大学学报，2004（4）：642-646.

[10] 成卫民.基于 Multi-Agent 的农户生产决策行为对环境的影响分析[J].农业环境科学学报，2007（增刊 1）：324-328.

[11] 储成兵，李平.农户环境友好型农业生产行为研究：以使用环保农药为例

［J］.统计与信息论坛，2013（3）：89-93.

［12］ 崔立志，许玲.环境规制对技术进步的影响效应研究［J］.华东经济管理，2016，30（12）：99-103.

［13］ 丁撷瑛.抗生素使用对畜牧业的影响及应对思路［J］.传播力研究，2019（21）：214-215.

［14］ 杜红梅，李孟蕊，王明春，等.基于 SE-DEA 模型的中国生猪规模养殖环境效率时空差异研究［J］.中国畜牧杂志，2017，53（1）：131-137.

［15］ 杜红梅，王明春，胡梅梅.湖南省生猪规模养殖环境效率及其比较分析：基于 SE-SBM 模型及 2004—2014 年的数据［J］.湖南农业大学学报（社会科学版），2017，18（1）：36-41.

［16］ 杜建国，陈莉，赵龙.政府规制视角下的企业环境行为仿真研究［J］.软科学，2015，29（10）：59-64.

［17］ 樊丰，刘小春.养殖保险中参保行为的影响因素研究：来自江西生猪调出大县的数据研究［J］.安徽农业大学学报（社会科学版），2020，29（1）：43-49.

［18］ 冯忠武.兽药与动物性食品安全［J］.中国兽药杂志，2004，38（9）：1-5.

［19］ 耿言虎.农村规模化养殖业污染及其治理困境：基于巢湖流域贝镇生猪养殖的田野调查［J］.中国矿业大学学报（社会科学版），2017（1）：50-59.

［20］ 谷晓明，邢可霞，易礼军，等.农村养殖户畜禽粪污综合利用的公共私营合作制/PPP 模式分析［J］.生态与农村环境学报，2017，33（1）：62-69.

［21］ 郭利京，赵瑾.农户亲环境行为的影响机制及政策干预：以秸秆处理行为为例［J］.农业经济问题，2014（12）：78-84.

［22］ 国务院.“十三五”生态环境保护规划［EB/OL］.［2024-02-07］.https://english.mee.gov.cn/Resources/Plans/National_Fiveyear_Plan/201706/P020170605420340944828.pdf.

［23］ 韩俊.实施食品安全战略，完善食品安全治理体系［J］.中国经济报告，2015（12）：22-24.

［24］ 和丽芬，赵建欣.政府规制对安全农产品生产影响的实证分析：以蔬菜种植户为例［J］.农业技术经济，2010（7）：91-97.

［25］ 何坪华，毛成兴.安全风险认知与抗生素违规使用：来自山东省畜禽养殖户的实证检视［J］.华中农业大学学报（社会科学版），2018（4）：20-29.

[26] 何如海，江激宇，张士云，等.规模化养殖下的污染清洁处理技术采纳意愿研究：基于安徽省3市奶牛养殖场的调研数据[J].南京农业大学学报（社会科学版），2013，13(3)：47-53.

[27] 胡新艳，陈文晖，罗必良.资本下乡如何能够带动农户经营：基于江西省绿能模式的分析[J].农业经济问题，2021(1)：69-81.

[28] 江激宇，柯木飞，张士云，等.农户蔬菜质量安全控制意愿的影响因素分析：基于河北省藁城市151份农户的调查[J].农业技术经济，2012(5)：35-42.

[29] 姜海，雷昊，白璐，等.不同类型地区畜禽养殖废弃物资源化利用管理模式选择：以江苏省太湖地区为例[J].资源科学，2015(12)：2430-2440.

[30] 景怀斌.公共管理的认知科学研究：范式挑战与核心议题[J].武汉大学学报（哲学社会科学版），2016，69(6)：5-15.

[31] 孔凡斌，钟海燕，潘丹.不同规模农户环境友好型生产行为的差异性分析：基于全国7省1059户农户调研数据[J].农业经济与管理，2019(4)：26-36.

[32] 孔凡斌，钟海燕，潘丹.小农户土壤保护行为分析：以施肥为例[J].农业技术经济，2019(1)：100-110.

[33] 李飞，董锁成，武红，等.中国东部地区农业环境：经济系统耦合度研究[J].长江流域资源与环境，2016(2)：219-225.

[34] 李国平，张文彬.地方政府环境规制及其波动机理研究：基于最优契约设计视角[J].中国人口·资源与环境，2014(10)：24-31.

[35] 李红燕，陈兴汉.环境中抗生素的污染现状及危害[J].中国资源综合利用，2018，36(5)：82-84.

[36] 李健芸.畜禽养殖污染防治的法律监管体系现状及思考[J].黑龙江畜牧兽医，2016(24)：64-66.

[37] 李楠楠，李同昇，于正松，等.基于 Logistic-ISM 模型的农户采用新技术影响因素：以甘肃省定西市马铃薯种植技术为例[J].地理科学进展，2014(4)：542-551.

[38] 李茹茹，靖新艳.浅析畜禽养殖业污染现状及减排对策[J].中国人口·资源与环境，2014(增刊2)：250-252.

[39] 李燕凌，车卉.突发性动物疫情中政府强制免疫的绩效评价：基于1167

个农户样本的分析[J].中国农村经济, 2013(12)：51-59.

[40] 李智, 李静, 汪以真.美国兽用抗生素管控措施的评价及思考[J].农业经济问题, 2018(6)：137-144.

[41] 李中东, 孙焕.基于 DEMATEL 的不同类型技术对农产品质量安全影响效应的实证分析：来自山东、浙江、江苏、河南和陕西五省农户的调查[J].中国农村经济, 2011(3)：26-34.

[42] 林丽梅, 韩雅清.规模化生猪养殖户环境友好行为的影响因素及规制策略：基于扎根理论的探索性研究[J].生态与农村环境学报, 2019, 35(10)：1259-1267.

[43] 林丽梅, 刘振滨, 杜众强, 等.生猪规模养殖户污染防治行为的心理认知及环境规制影响效应[J].中国生态农业学报, 2018, 26(1)：156-166.

[44] 林光华, 汪斯洁.养殖户家禽保险支付意愿实证分析：基于浙江省建德市蛋鸡养殖户的入户调查[J].南京农业大学学报(社会科学版), 2013(5)：53-58.

[45] 林秀治, 黄秀娟, 陈秋华.休闲农业经营组织环境行为影响因素分析：以福建省为例[J].中国农村观察, 2016(2)：14-22.

[46] 刘璐, 韩浩, 马文杰.政府支农政策对农业保险需求的影响机制研究[J].农业经济问题, 2016(10)：31-40.

[47] 刘明月, 陆迁, 张淑霞.不同模式养殖户禽流感防控行为及其影响因素：基于 363 份散养户和规模养殖户的调查数据[J].湖南农业大学学报(社会科学版), 2016, 17(2)：22-28.

[48] 刘雪芬, 杨志海, 王雅鹏.畜禽养殖户生态认知及行为决策研究：基于山东、安徽等 6 省养殖户的实地调研[J].中国人口·资源与环境, 2013(10)：169-176.

[49] 刘尧, 孙强.农村养殖户和非养殖户对抗生素认知和使用态度差异及影响因素[J].中国公共卫生, 2018, 34(2)：273-276.

[50] 罗必良.推进我国农业绿色转型发展的战略选择[J].农业经济与管理, 2017(6)：8-11.

[51] 聂荣, 沈大娟.影响农户参保农业保险决策的因素分析[J].西北农林科技大学学报(社会科学版), 2017, 17(1)：106-115.

[52] 农业部关于印发《全国生猪生产发展规划(2016—2020 年)》的通知[EB/

OL].（2017-11-27）［2024-02-07］.http://www.moa.gov.cn/nybgb/2016/diwuqi/201711/t20171127_5920859.htm.

[53] 潘丹，孔凡斌.养殖户环境友好型畜禽粪便处理方式选择行为分析：以生猪养殖为例［J].中国农村经济，2015（9）：17-29.

[54] 潘峰，西宝，王琳.基于演化博弈的地方政府环境规制策略分析［J].系统工程理论与实践，2015，35（6）：1394-1404.

[55] 彭新宇.畜禽养殖污染防治的沼气技术采纳行为及绿色补贴政策研究［D].北京：中国农业科学院，2007.

[56] 浦华，白裕兵.养殖户违规用药行为影响因素研究［J].农业技术经济，2014（3）：40-48.

[57] 乔博超，吴楠，杨静慧，等.环境中抗生素抗性基因的来源、分布及控制对策［J].天津农林科技，2017（6）：16-18.

[58] 秦昌波，王金南，葛察忠，等.征收环境税对经济和污染排放的影响［J].中国人口·资源与环境，2015，25（1）：17-23.

[59] 任君熹，徐琳.山东东营地区畜禽粪便中抗生素残留研究［J].黑龙江畜牧兽医，2019（6）：56-59.

[60] 任兴超.农用抗生素类型及在现代农业生产中的应用［J].安徽农业科学，2014，42（17）：5465-5466.

[61] 舒畅，乔娟，耿宁.畜禽养殖废弃物资源化的纵向关系选择研究：基于北京市养殖场户视角［J].资源科学，2017，39（7）：1338-1348.

[62] 宋燕平，滕瀚.农业组织中农民亲环境行为的影响因素及路径分析［J].华中农业大学学报（社会科学版），2016（3）：53-60.

[63] 税尚楠.农业经营模式的选择：资本农场或合作经营［J].农业经济问题，2013（8）：32-36.

[64] 孙小燕.农产品质量安全问题的成因与治理：基于信息不对称视角的研究［D].成都：西南财经大学，2008.

[65] 孙若愚，周静.基于损害控制模型的农户过量使用兽药行为研究［J].农业技术经济，2015（10）：32-40.

[66] 孙世民，李娟，张健如.优质猪肉供应链中养猪场户的质量安全认知与行为分析：基于9省份653家养猪场户的问卷调查［J].农业经济问题，2011（3）：76-81.

［67］ 孙世民，张嫒嫒，张健如.基于 Logit-ISM 模型的养猪场(户)良好质量安全行为实施意愿影响因素的实证分析[J].中国农村经济，2012(10)：24-36.

［68］ 陶善信，李丽.农产品质量安全标准对农户生产行为的规制效果分析：基于市场均衡的视角[J].农村经济，2016(2)：8-13.

［69］ 田云，张俊飚，何可，等.农户农业低碳生产行为及其影响因素分析：以化肥施用和农药使用为例[J].中国农村观察，2015(4)：61-70.

［70］ 万宝瑞.确保我国农业三大安全的建议[J].农业经济问题，2015(3)：4-8.

［71］ 王常伟，顾海英.规模化、农户能力对农产品合格率影响的实证分析[J].农业技术经济，2017(11)：4-15.

［72］ 王常伟，顾海英.市场 VS 政府，什么力量影响了我国菜农农药用量的选择？[J].管理世界，2013(11)：50-66.

［73］ 王海利，贾萌，胡军.生猪宰前检疫与管理是提高肉品质量的关键[J].中国猪业，2010(2)：65-66.

［74］ 王洪丽，杨印生.农产品质量与小农户生产行为：基于吉林省 293 户稻农的实证分析[J].社会科学战线，2016(6)：64-69.

［75］ 王建华，邓远远，朱淀.生猪养殖中兽药投入效率测度：基于损害控制模型的分析[J].中国农村经济，2018(1)：63-67.

［76］ 王建华，马玉婷，王晓莉.农产品安全生产：农户农药施用知识与技能培训[J].中国人口·资源与环境，2014(4)：54-63.

［77］ 王建明，王俊豪.公众低碳消费模式的影响因素模型与政府管制政策：基于扎根理论的一个探索性研究[J].管理世界，2011(4)：58-68.

［78］ 王晓娟，年夫照，夏运生，等.抗生素使用现状及其在生态环境系统的行为研究进展[J].中国土壤与肥料，2020(6)：286-292.

［79］ 王亚静.基于三方博弈的食品安全协同治理机制研究[D].石家庄：河北经贸大学，2009.

［80］ 王瑜.养猪户的药物添加剂使用行为及其影响因素分析：基于垂直协作方式的比较研究[J].南京农业大学学报(社会科学版)，2008(2)：48-54.

［81］ 王瑜.养猪户的药物添加剂使用行为及其影响因素分析：基于江苏省 542 户农户的调查数据[J].农业技术经济，2009(5)：46-55.

［82］ 王瑜，应瑞瑶.契约选择和生产者质量控制行为研究：基于农户风险偏好视角［J］.经济问题，2007（9）：85-87.

［83］ 王芸娟，马骥.养殖户质量控制行为选择及其影响因素分析［J］.中国农业资源与区划，2021，42（8）：29-38.

［84］ 王志刚，李腾飞.蔬菜出口产地农户对食品安全规制的认知及其农药决策行为研究［J］.中国人口·资源与环境，2012（2）：164-169.

［85］ 邬兰娅，齐振宏，黄炜虹.环境感知、制度情境对生猪养殖户环境成本内部化行为的影响：以粪污无害化处理为例［J］.华中农业大学学报（社会科学版），2017（5）：28-35.

［86］ 邬兰娅，齐振宏，李欣蕊，等.养猪企业环境行为影响因素实证研究［J］.中国农业大学学报，2015（6）：290-296.

［87］ 吴林海，谢旭燕.生猪养殖户认知特征与兽药使用行为的相关性研究［J］.中国人口·资源与环境，2015（2）：160-169.

［88］ 吴林海，谢旭燕.生猪养殖户兽药使用行为的主要影响因素研究：以阜宁县为案例［J］.农业现代化研究，2015（4）：630-635.

［89］ 吴林海，谢旭燕，王晓莉.生猪养殖户的兽药使用行为与政府监管策略研究：基于江苏省阜宁县的案例［J］.中国农学通报，2015，31（23）：12-18.

［90］ 吴娜伟，孔源，陈颖，等.我国畜禽养殖项目环境影响评价制度分析［J］.生态与农村环境学报，2016，32（2）：342-344.

［91］ 吴强，沙鸣，张园园，等.奶农质量控制认知与行为分析：基于10省（自治区）奶农的调查［J］.农业现代化研究，2018，39（2）：265-274.

［92］ 吴瑞明，胡代平，沈惠璋.流域污染治理中的演化博弈稳定性分析［J］.系统管理学报，2013（5）：797-801.

［93］ 吴秀敏.我国猪肉质量安全管理体系研究［D］.杭州：浙江大学，2006.

［94］ 吴秀敏.养猪户采用安全兽药的意愿及其影响因素：基于四川省养猪户的实证分析［J］.中国农村经济，2007（9）：17-24.

［95］ 吴学兵，乔娟.养殖场（户）生猪质量安全控制行为分析［J］.华南农业大学学报（社会科学版），2014，13（1）：20-27.

［96］ 武淑霞，刘宏斌，黄宏坤，等.我国畜禽养殖粪污产生量及其资源化分析［J］.中国工程科学，2018，20（5）：103-111.

［97］ 肖萍，朱国华.农村环境污染第三方治理契约研究［J］.农村经济，2016

（4）：104-108.

[98] 辛翔飞，张怡，王济民.规模化养殖对我国肉鸡生产效率的影响：基于随机前沿生产函数的实证分析[J].技术经济，2013，32(7)：69-75.

[99] 徐家鹏，李崇光.蔬菜种植户产销环节紧密纵向协作参与意愿的影响因素分析[J].中国农村观察，2012(4)：2-13.

[100] 徐一苇，颜廷武.不同类型兼业农户作物秸秆出售意愿及其影响因素分析：以鲁、皖两省为例[J].财政科学，2016(7)：95-106.

[101] 徐志刚，张炯，仇焕广.声誉诉求对农户亲环境行为的影响研究：以家禽养殖户污染物处理方式选择为例[J].中国人口·资源与环境，2016，26(10)：44-52.

[102] 许玉光，杨钢桥，文高辉.耕地细碎化对耕地利用效率的影响：基于不同经营规模农户的实证分析[J].农业现代化研究，2017，38(4)：688-695.

[103] 杨志海.老龄化、社会网络与农户绿色生产技术采纳行为：来自长江流域六省农户数据的验证[J].中国农村观察，2018(4)：44-58.

[104] 杨志海，王雅鹏，麦尔旦·吐尔孙.农户耕地质量保护性投入行为及其影响因素分析：基于兼业分化视角[J].中国人口·资源与环境，2015(12)：105-112.

[105] 于桂阳，郑春芳.湖南永州地区蛋鸡饲养中兽药使用现状的调查[J].家禽科学，2014(8)：43-46.

[106] 余晓，林海丹，彭新宇，等.基于BP神经网络的常见中兽药中5种违禁药物显微图像识别[J].广东药学院学报，2013(6)：631-635.

[107] 战立强.我国生猪产业大规模化的意义、障碍及对策[J].黑龙江畜牧兽医，2014(2)：7-9.

[108] 张虎，孔荣.农户农业保险支付意愿影响因素研究：以福建省龙岩市413户烟农的调查为例[J].西北农林科技大学学报(社会科学版)，2014(3)：76-82.

[109] 张慧,邹明,张启迪.山东地区中小型猪场兽药使用情况调查与分析[J].中国农学通报，2013(17)：25-31.

[110] 张平，张鹏鹏，蔡国庆.不同类型环境规制对企业技术创新影响比较研究[J].中国人口·资源与环境，2016，26(4)：8-13.

[111] 张维理，徐爱国，张认连，等.中国耕地保育技术创新不足已危及粮食安全与环境安全[J].中国农业科学，2015(12)：2374-2378.

[112] 张维迎.博弈论与信息经济学[M].上海：上海人民出版社，2004：326.

[113] 张郁，江易华.环境规制政策情境下环境风险感知对养猪户环境行为影响：基于湖北省 280 户规模养殖户的调查[J].农业技术经济，2016(11)：76-86.

[114] 张郁，齐振宏，孟祥海，等.生态补偿政策情境下家庭资源禀赋对养猪户环境行为影响：基于湖北省 248 个专业养殖户(场)的调查研究[J].农业经济问题，2015，36(6)：82-91.

[115] 张园园，吴强，孙世民.生猪养殖规模化程度的影响因素及其空间效应：基于 13 个生猪养殖优势省份的研究[J].中国农村经济，2019(1)：62-78.

[116] 张跃华，杨菲菲.牲畜保险、需求与参与率研究：基于浙江省生猪养殖户微观数据的实证研究[J].财贸经济，2012(2)：58-65.

[117] 张忠明，钟鑫.耕地细碎化对不同规模农户生产技术效率的影响分析：基于辽宁省新民市 266 户农户数据[J].广东农业科学，2017，44(4)：152-159.

[118] 赵方凯，杨磊，乔敏，等.土壤中抗生素的环境行为及分布特征研究进展[J].土壤，2017，49(3)：428-436.

[119] 赵佳佳，刘天军，魏娟.风险态度影响苹果安全生产行为吗：基于苹果主产区的农户实验数据[J].农业技术经济，2017(4)：95-105.

[120] 赵丽平，邱雯，王雅鹏，等.农户生态养殖认知及其行为的不一致性分析：以水禽养殖户为例[J].华中农业大学学报(社会科学版)，2015(6)：44-50.

[121] 郑少锋.农产品质量安全：成因、治理途径和研究趋势[J].社会科学家，2016(5)：8-14.

[122] 郑建明，张相国，黄滕.水产养殖质量安全政府规制对养殖户经济效益影响的实证分析：基于上海的案例[J].上海经济研究，2011(3)：92-99.

[123] 农业部关于印发《全国遏制动物源细菌耐药行动计划(2017—2020年)》的通知[EB/OL].(2017-06-23)[2024-02-07].http://www.moa.

gov.cn/govpublic/SYJ/201706/t20170623_5726086.htm.

[124] 钟文晶，罗必良.禀赋效应、产权强度与农地流转抑制：基于广东省的实证分析[J].农业经济问题，2013(3)：6-16.

[125] 钟文晶，邹宝玲，罗必良.食品安全与农户生产技术行为选择[J].农业技术经济，2018(3)：16-27.

[126] 钟颖琦，黄祖辉，吴林海.生猪养殖户安全生产行为及其影响因素分析[J].中国畜牧杂志，2016(20)：1-5.

[127] 周琳，杨祯妮，程广燕.发展畜禽养殖家庭农场的制约因素及分析：基于上海、浙江两地的调研[J].中国畜牧杂志，2014(20)：13-17.

[128] 周早弘.我国公众参与食品安全监管的博弈分析[J].华东经济管理，2009(9)：105-108.

[129] 朱淀，张秀玲，牛亮云.蔬菜种植农户施用生物农药意愿研究[J].中国人口·资源与环境，2014(4)：64-70.

[130] 朱宁，秦富.畜禽养殖户兽药超标使用行为及其影响因素分析：以蛋鸡为例[J].中国农学通报，2015，31(23)：7-11.

[131] 朱秀辉，曾巧云，解启来，等.广州市北郊蔬菜基地土壤四环素类抗生素的残留及风险评估[J].农业环境科学学报，2017，36(11)：2257-2266.

[132] 朱哲毅，应瑞瑶，周力.畜禽养殖末端污染治理政策对养殖户清洁生产行为的影响研究：基于环境库兹涅茨曲线视角的选择性试验[J].华中农业大学学报(社会科学版)，2016(5)：55-62.

[133] 周洁红，杨之颖，梁巧.合作社内部管理模式与质量安全实施绩效：基于农户农药安全间隔期执行视角[J].浙江大学学报(人文社会科学版)，2019，49(1)：37-50.

[134] 左志平，齐振宏.供应链框架下规模养猪户绿色养殖模式演化机理分析[J].中国农业大学学报，2016(3)：131-140.

[135] 左志平，齐振宏，乌兰娅.环境管制下规模养猪户绿色养殖模式演化机理：基于湖北省规模养猪户的实证分析[J].农业现代化研究，2016，37(1)：71-78.

[136] 钟鑫.不同规模农户粮食生产行为及效率的实证研究[D].北京：中国农业科学院，2016.

[137] 金雪.不同经营规模农户玉米生产关键技术选择行为研究[D].沈阳:沈阳农业大学,2019.

[138] 张露,罗必良.农业减量化:农户经营的规模逻辑及其证据[J].中国农村经济,2020(2):81-99.

[139] 孔凡斌,钟海燕,潘丹.小农户土壤保护行为分析:以施肥为例[J].农业技术经济,2019(1):100-110.

[140] 刘俊杰,张龙耀,王梦珺,等.农村土地产权制度改革对农民收入的影响:来自山东枣庄的初步证据[J].农业经济问题,2015,36(6):51-58.

[141] 李容容,罗小锋.职业发展能力如何影响种植大户的农业收入水平?[J].南京农业大学学报(社会科学版),2017,17(3):63-73.

[142] 于艳丽.地理标志保护下茶农绿色生产行为及其收入效应研究:以茶农施药环节绿色生产为例[D].西安:西北农林科技大学,2020.

[143] 丁亦岑,武兴华.食品安全问题的柠檬市场现象及风险控制路径[J].学术交流,2012(4):132-135.

[144] 李功奎,应瑞瑶."柠檬市场"与制度安排:一个关于农产品质量安全保障的分析框架[J].农业技术经济,2004(3):15-20.

[145] 陈永山,章海波,骆永明,等.典型规模化养猪场废水中兽用抗生素污染特征与去除效率研究[J].环境科学学报,2010(11):2205-2212.

[146] 谢旭燕.生猪养殖户兽药使用行为的影响因素研究:以阜宁县为例[D].无锡:江南大学,2016.

[147] 刘增金,乔娟,张莉侠.溯源能力信任对养猪场户质量安全行为的影响:基于北京市6个区县183位养猪场户的调研[J].中国农业资源与区划,2016,37(11):105-112.

[148] 黄杰河.生猪饲养过程中兽药使用现状的调查[J].黑龙江畜牧兽医,2010(17):117-119.

[149] 祁诗月,任四伟,李雪玲,等.禽畜养殖粪便中多重抗生素抗性细菌研究[J].生态学报,2013(13):3970-3977.

[150] 袁超,霍江华,杨咸枝.黑龙江省动植物性食品农兽药使用情况调查[J].中国公共卫生,2009(5):614-615.

[151] 闵继胜,周力.垂直协作对生猪养殖户健康养殖行为的影响研究:基于

江苏、福建、江西、山东和四川省的调查数据[J].农林经济管理学报,2016,15(3):280-289.

[152] 邬小撑,毛杨仓,占松华,等.养猪户使用兽药及抗生素行为研究:基于964个生猪养殖户微观生产行为的问卷调查[J].中国畜牧杂志,2013(14):19-23.

[153] 吴华,漆雁斌,于伟咏.养殖户安全饲料采用意愿及其影响因素分析:基于613户养殖户的实证研究[J].农村经济,2015(3):104-109.

[154] 马成林.养猪户认知结构与规模化选择的意愿研究[D].武汉:华中农业大学,2016.

[155] 周曙东,张宗毅.农户农药施药效率测算、影响因素及其与农药生产率关系研究:对农药损失控制生产函数的改进[J].农业技术经济,2013(3):4-14.

[156] 孟令杰,张红梅.中国小麦生产的技术效率地区差异[J].南京农业大学学报(社会科学版).2004,4(2):13-16.

[157] 李然,冯中朝.环境效应和随机误差的农户家庭经营技术效率分析:基于三阶段 DEA 模型和我国农户的微观数据[J].财经研究.2009,35(9):92-102.

[158] 宋雨河,李军,武拉平.农户蔬菜种植技术效率及其影响因素分析:基于 DEA-Tobit 两步法的实证研究[J].科技与经济.2015(2):36-40.

[159] 孙昊.小麦生产技术效率的随机前沿分析:基于超越对数生产函数[J].农业技术经济,2014(1):42-48.

[160] 周曙东,王艳,朱思柱.中国花生种植户生产技术效率及影响因素分析:基于全国19个省份的农户微观数据[J].中国农村经济,2013(3):27-36.

[161] 刘天军,蔡起华.不同经营规模农户的生产技术效率分析:基于陕西省猕猴桃生产基地县210户农户的数据[J].中国农村经济,2013(3):37-46.

[162] 何凌霄.基于消费者视角的食品安全规制效应研究:以猪肉的抗生素问题为例[D].杭州:浙江大学,2018.

[163] 王珊珊,张广胜.农户低碳生产行为评价指标体系构建及应用[J].农业现代化研究,2016,37(4):641-648.

[164] 聂晓，刘伟，范洁茹，等.小麦化肥农药减施集成技术综合效益评价[J] 植物保护，2021，47(2)：95-102.

[165] 梁流涛，翟彬.基于 PRA 和 LCA 方法的农户土地利用行为环境效应评价：以河南省传统农区为例[J].中国土地科学，2015，29(5)：84-92.

[166] 刘铮，周静.信息能力、环境风险感知与养殖户亲环境行为采纳：基于辽宁省肉鸡养殖户的实证检验[J].农业技术经济，2018(10)：135-144.

[167] 姚冠新，徐静.产出不确定下的农产品供应链参与主体决策行为研究[J].工业工程与管理，2015(2)：16-22.

[168] 任立.水库移民安置区农户农地投入行为研究[D].武汉：华中农业大学，2018.

[169] 郭世娟，李华.肉鸡养殖户质量安全生产行为实证分析：基于京津冀地区 319 个养殖户的调研[J].农林经济管理学报，2018，17(5)：553-561.

[170] 彭玉珊，孙世民，陈会英.养猪场(户)健康养殖实施意愿的影响因素分析：基于山东省等 9 省(区、市)的调查[J].中国农村观察，2011(2)：16-25.

[171] 陈雨生，房瑞景.海水养殖户渔药施用行为影响因素的实证分析[J].中国农村经济，2011(8)：72-80.

[172] 姜健.农药使用道德风险的发生与防范研究：基于蔬菜种植户的调查[D].沈阳：沈阳农业大学，2019.

[173] 常倩，王士权，李秉龙.农业产业组织对生产者质量控制的影响分析：来自内蒙古肉羊养殖户的经验证据[J].中国农村经济，2016(3)：54-64.

[174] 赵伟峰，张昆，王海涛.合作经济组织对农户安全生产行为的影响效应：基于皖、苏养猪户调查数据的实证分析[J].华东经济管理，2016，30(6)：118-122.

[175] 张露，罗必良.农业减量化：农户经营的规模逻辑及其证据[J].中国农村经济，2020(2)：81-99.

[176] 杨万江，李琪.稻农化肥减量施用行为的影响因素[J].华南农业大学学报(社会科学版)，2017，16(3)：58-66.

［177］ 邹伟，张晓媛.土地经营规模对化肥使用效率的影响：以江苏省为例
［J］.资源科学 2019，41（7）：1240-1249.

［178］ 仇焕广，栾昊，李瑾，等.风险规避对农户化肥过量施用行为的影响
［J］.中国农村经济，2014（3）：85-96.

［179］ 毛慧，周力，应瑞瑶.风险偏好与农户技术采纳行为分析：基于契约农
业视角再考察［J］.中国农村经济，2018（4）：74-89.

［180］ 刘晓燕，章丹，徐志刚.粮食规模经营户化肥施用也"过量"吗：基于规
模户和普通户异质性的实证［J］.农业技术经济，2020（9）：117-129.

［181］ 王瑞波，兰彦平，周连第.北京市山区板栗产业循环农业模式效益综合
评价［J］.农业技术经济，2010（5）：85-91.

［182］ 王珊珊，张广胜.农户低碳生产行为评价指标体系构建及应用［J］.农业
现代化研究，2016，37（4）：641-648.

［183］ ABDI H, WILLIAMS L J.Principal component analysis［J］.Wiley inter-
disciplinary reviews：computational statistics, 2010, 2（4）：433-459.

［184］ AKWAR H T, POPPE C, WILSON J, et al.Associations of antimicrobial
uses with antimicrobial resistance of fecal Escherichia coli from pigs on 47
farrow-to-finish farms in Ontario and British Columbia［J］.Canadian jour-
nal of veterinary research, 2008, 72（2）：202-210.

［185］ ALARCON P, WIELAND B, MATEUS A L P, et al.Pig farmers'per-
ceptions, attitudes, influences and management of information in the deci-
sion-making process for disease control［J］.Preventive veterinary medi-
cine, 2014, 116（3）：223-242.

［186］ ALBAN L, DAHL J, ANDREASEN M, et al.Possible impact of the
"yellow card" antimicrobial scheme on meat inspection lesions in Danish
finisher pigs［J］.Preventive veterinary medicine, 2013, 108（4）：334-341.

［187］ ALDEYAB M A, MONNET D L, LÓPEZ-LOZANO J M, et al.Model-
ling the impact of antibiotic use and infection control practices on the inci-
dence of hospital-acquired methicillin-resistant Staphylococcus aureus：a
time-series analysis［J］.The journal of antimicrobial chemotherapy, 2008,
62（3）：593-600.

［188］ ANSARI F, GRAY K, NATHWANI D, et al.Outcomes of an intervention to improve hospital antibiotic prescribing: interrupted time series with segmented regression analysis[J].The journal of antimicrobial chemotherapy, 2003, 52(5): 842-848.

[189] ANSES.Assessment of the risks of emergence of antimicrobial resistance associated with modes of antibiotic use in the field of animal health[EB/OL].(2014-04-11)[2023-02-07].https://www.anses.fr/en/system/files/SANT2011sa0071RaEN.pdf.

[190] ANTLE J M.No such thing as a free safe lunch: the cost of food safety regulation in the meat industry[J].American journal of agricultural economics, 2000, 82(2): 310-322.

[191] ARNOLD C, SCHÜPBACH-REGULA G, HIRSIGER P, et al.Risk factors for oral antimicrobial consumption in Swiss fattening pig farms-a case-control study[J].Porcine health management, 2016, 2(1): 5.

[192] BACKHANS A, SJÖLUND M, LINDBERG A, et al.Antimicrobial use in Swedish farrow-to-finish pig herds is related to farmer characteristics [J].Porcine health management, 2016, 2(1): 18.

[193] BICKNELL K B, WILEN J E, HOWITT R E.Public policy and private incentives for livestock disease control[J].The Australian journal of agricultural and resource economics, 1999, 43(4): 501-521.

[194] MIREILLE C, STEPHANIE B.Multiblock modeling for complex preference study.Application to European preferences for smoked salmon[J]. Food quality and preference, 2014, 32(Special I): 56-64.

[195] BOUGEARD S, LUPO C, BOUQUIN S L, et al.Multiblock modelling to assess the overall risk factors for a composite outcome[J].Epidemiology & infection, 2012, 140(2): 337-347.

[196] BOUGEARD S, QANNARI E M, LUPO C.From multiblock partial least squares to multiblock redundancy analysis[J].Informatica, 2011, 22(1): 11-26.

[197] BOUGEARD S, QANNARI E M, ROSE N.Multiblock redundancy analysis: interpretation tools and application in epidemiology[J].Journal of chemometrics, 2011, 25(9): 467-475.

[198] WILSON C, TISDELL C. Why farmers continue to use pesticides despite environmental, health and sustainability costs[J]. Ecological economics, 2001, 39(3): 449-462.

[199] JEAN-PHILIPPE B, HERV L, OLUWASEUN O. Could society's willingness to reduce pesticide use be aligned with farmers' economic self-interest? [J]. Ecological economics, 2010, 70(10): 1797-1804.

[200] CHAUVIN C, BOUVAREL I, BELOEIL P-A, et al. A pharmaco-epidemiological analysis of factors associated with antimicrobial consumption level in turkey broiler flocks[J]. Veterinary research, 2005, 36(2): 199-211.

[201] CHAUVIN C, BOUQUIN-LENEVEU S L, HARDY A, et al. An original system for the continuous monitoring of antimicrobial use in poultry production in France[J]. Journal of veterinary pharmacology and therapeutics, 2005, 28(6): 515-523.

[202] COYNE L A, PINCHBECK G L, WILLIAMS N J, et al. Understanding antimicrobial use and prescribing behaviours by pig veterinary surgeons and farmers: a qualitative study[J]. The veterinary record, 2014, 175(23): 593.

[203] DEREJE D, SEUNG-JIN L, SILESHI B Y, et al. Comparative activities of selected fluoroquinolones against dynamic populations of Actinobacillus pleuropneumoniaein an in vitro model of time-kill continuous culture experiment[J]. International journal of antimicrobial agents, 2013, 42(6): 544-552.

[204] DRITZ S S, TOKACH M D, GOODBAND R D, et al. Effects of administration of antimicrobials in feed on growth rate and feed efficiency of pigs in multisite production systems[J]. Journal of the American veterinary medical association, 2002, 220(11): 1690-1695.

[205] FERTNER M, SANCHEZ J, BOKLUND A, et al. Persistent spatial clusters of prescribed antimicrobials among danish pig farms-a register-based study[J]. Plos one, 2015, 10(8): 1-13.

[206] FORTANÉ N, BONNET-BEAUGRAND F, HÉMONIC A, et al. Learn-

ing processes and trajectories for the reduction of antibiotic use in pig farming: a qualitative approach[J].Antibiotics, 2015, 4(4): 435-454.

[207] KANWAT C P, HEADRICK M L, PATTERSON N J, et al.Importance of prudent antibiotic use on dairy farms in South Carolina: a pilot project on farmers' knowledge, attitudes and practices[J].Zoonoses and public health, 2007, 54(9/10): 366-375.

[208] GE L, ASSLDONK V, MARCEL A P M, et al.A bayesian belief network to infer incentive mechanisms to reduce antibiotic use in livestock production[J].NJAS-Wageningen journal of life sciences, 2014, 70(1): 1-8.

[209] GREENE W H.Econometric analysis: 5th edition[M].Saddle River: Prentice Hall, 2003: 788.

[210] HAYES D J, JENSEN H H, BACKSTROM L.Economic impact of a ban on the use of over the counter antibiotics in U.S.swine rations[J].The international food and agribusiness management review, 2001, 4(1): 81-97.

[211] HOLLIS A, AHMED Z.The path of least resistance: paying for antibiotics in non-human uses[J].Health policy, 2014, 118(2): 264-270.

[212] JENSEN V F, EMBORG H-D, AARESTRUP, F M.Indications and patterns of therapeutic use of antimicrobial agents in the Danish pig production from 2002 to 2008(Article)[J].Journal of veterinary pharmacology and therapeutics, 2012, 35(1): 33-46.

[213] JONES P J, MARIER E A, TRANTER R B, et al.Factors affecting dairy farmers' attitudes towards antimicrobial medicine usage in cattle in England and Wales[J].Preventive veterinary medicine, 2015, 121(1/2): 30-40.

[214] JOSSE, J, CHAVENT M, LIQUET B, et al.Handling missing values with regularized iterative multiple correspondence analysis[J].Journal of classification, 2012, 29(1): 91-116.

[215] JOSSE J, HUSSON F.Handling missing values in exploratory multivariate data analysis methods[J].Journal de la société Française de statistique,

2012, 153(2): 79-99.

[216] KEY N, MCBRIDE W D.Sub-therapeutic antibiotics and the efficiency of U.S. hog farms[J].American journal of agricultural economics, 2014, 96 (3): 831-850.

[217] CALLENS B, DE JONG E, DEWULF J, et al.Relationship between biosecurity and production/antimicrobial treatment characteristics in pig herds [J].The veterinary journal, 2013, 198(2): 508-512.

[218] LIU X L, MILLER G Y, MCNAMARA P E.Do antibiotics reduce production risk for U.S. pork producers? [J].Journal of agricultural and applied economics, 2005, 37(3): 565-575.

[219] LIU X, STEELE J C, MENG X Z.Usage, residue, and human health risk of antibiotics in Chinese aquaculture: a review[J].Environmental pollution, 2017(223): 161-169.

[220] LUSK J L, NORWOOD F B, PRUITT J R.Consumer demand for a ban on antibiotic drug use in pork production[J].American journal of agricultural economics, 2006, 88(4): 1015-1033.

[221] LUPO C, BOUGEARD S, BALAINE L, et al.Risk factors for sanitary condemnation in broiler chickens and their relative impact: application of an original multiblock approach[J].Epidemiol & infect, 2010, 138(3): 364-375.

[222] MACDONALD J, WANG S L.Foregoing sub-therapeutic antibiotics: the impact on broiler grow-out operations[J].Applied economic perspectives and policy, 2011, 33(1): 79-98.

[223] MANN T, PAULSEN A.Economic impact of restricting feed additives in livestock and poultry production[J].American journal of agricultural economics, 1976, 58(1): 47.

[224] MATHEW A G, CISSELL R, LIAMTHONG S.Antibiotic resistance in bacteria associated with food animals: a United States perspective of livestock production[J].Foodborne pathogens and disease, 2007, 4(2): 115-133.

[225] MCBRIDE D, KEY N, MATHEWS K H.Subtherapeutic antibiotics and

productivity in U.S. hog production[J].Applied economic perspectives and policy, 2008, 30(2): 270-288.

[226] MCINTOSH W, DEAN W.Factors associated with the inappropriate use of antimicrobials[J].Zoonoses public health, 2015, 62(S1): 22-28.

[227] MICHAEL G H, KELLIE C R.Banning subtherapeutic antibiotics in U.S. swine production: a simulation of impacts on industry structure[J].Agribusiness, 2009, 25(3): 314-330.

[228] MILLER G Y, MCNAMARA P E, SINGER R S.Stakeholder position paper: economist's perspectives on antibiotic use in animals[J].Preventive veterinary medicine, 2006, 73(2/3): 163-168.

[229] MILLER G Y, LIU X L, MCNAMARA P E.Farm-level impacts of banning growth promoting antibiotic use in U.S. pig grower/finisher operations[J].Journal of agribusiness, 2005, 23(2): 147-162.

[230] MORENO M A.Opinions of Spanish pig producers on the role, the level and the risk to public health of antimicrobial use in pigs[J].Research in veterinary science, 2014, 97(1): 26-31.

[231] POSTMA M, BACKHANS A, COLLINEAU L, et al.Evaluation of the relationship between the biosecurity status, production parameters, herd characteristics and antimicrobial usage in farrow-to-finish pig production in four EU countries[J].Porcine health management, 2016, 2: 9.

[232] POSTMA M, BACKHANS A, COLLINEAU L, et al.The biosecurity status and its associations with production and management characteristics in farrow-to-finish pig herds[J].Animal, 2016, 10(3): 478-489.

[233] POSTMA M, SJÖLUND M, COLLINEAU L, et al. Assigning defined daily doses animal: a European multi-country experience for antimicrobial products authorized for usage in pigs(Article)[J].Journal of antimicrobial chemotherapy, 2015, 70(1): 294-302.

[234] SJÖLUND M, POSTMA M, COLLINEAU L, et al. Quantitative and qualitative antimicrobial usage patterns in farrow-to-finish pig herds in Belgium, France, Germany and Sweden[J].Preventive veterinary medicine, 2016, 130: 41-50.

[235] SPEKSNIJDER D C, MEVIUS D J, BRUSCHKE C J M, et al.Reduction of veterinary antimicrobial use in the Netherlands.The Dutch success model [J].Zoonoses & public health, 2015, 62(S1): 79-87.

[236] THANAWONGNUWECH R, BROWN G B, HALBUR P G, et al.Pathogenesis of porcine reproductive and respiratory syndrome virus-induced increase in susceptibility to Streptococcus suis infection[J].Veterinary pathology, 2000, 37(2): 143-152.

[237] TIMMERMAN T, DEWULF J, CATRY B, et al.Quantification and evaluation of antimicrobial drug use in group treatments for fattening pigs in Belgium[J].Preventive veterinary medicine, 2006, 74(4): 251-263.

[238] VAN BOECKEL T P, BROWER C, GILBERT M, et al.Global trends in antimicrobial use in food animals[J].Proceedings of the National Academy of Sciences of the United States of America, 2015, 112(18): 5649-5654.

[239] VAN DER FELS-KLERX H J, PUISTER-JANSEN L F, VAN ASSELT E D, et al.Farm factors associated with the use of antibiotics in pig production[J].Journal of animal science, 2011, 89(6): 1922-1929.

[240] VAN RENNINGS L, VON MÜNCHHAUSEN C, OTTILIE H, et al. Cross-sectional study on antibiotic usage in pigs in Germany[J].Plos one, 2015, 10(3): 1-28.

[241] VISSCHERS V H M, BACKHANS A, COLLINEAU L, et al.Perceptions of antimicrobial usage, antimicrobial resistance and policy measures to reduce antimicrobial usage in convenient samples of Belgian, French, German, Swedish and Swiss pig farmers[J].Preventive veterinary medicine, 2015, 119(1/2): 10-20.

[242] VISSCHERS V H M, BACKHANS A, COLLINEAU L, et al.A comparison of pig farmers' and veterinarians' perceptions and intentions to reduce antimicrobial usage in six European countries[J]. Zoonoses and public health, 2016, 63(7): 534-544.

[243] VISSCHERS V H M, ITEN D M, RIKLIN A, et al.Swiss pig farmers? perception and usage of antibiotics during the fattening period(Article) [J].Livestock science, 2014, 162(1): 223-232.

[244] VISSCHERS V H M, POSTMA M, SJÖLUND M, et al.Higher perceived risks of antimicrobials use are related to lower usage among pig farmers in four European countries[J].Veterinary record, 2016, 179(19): 490.

[245] VISSCHERS V H M, ITEN D M, RIKLIN A, et al.Swiss pig farmers' perception and usage of antibiotics during the fattening period(Article) [J].Livestock science, 2014, 162(1): 223-232.

[246] WOLD S.Three PLS algorithms according to SW[J].Multivariate analysis in science and technology, 1984: 26-30.

[247] WESTERHUIS J A, KOURTI T, MACGREGOR J F. Analysis of multiblock and hierarchical PCA and PLS models[J].Journal of chemometrics, 1998, 12(5): 301-321.

[248] World Health Organization.Global action plan on antimicrobial resistance [EB/OL].(2016-10-10)[2023-02-08]. http://apps. who. int/iris/bitstream/10665/193736/1/9789241509763_eng.pdf?ua=1.

[249] ZHANG Q Q, YING G G, PAN C G, et al.Comprehensive evaluation of antibiotics emission and fate in the river basins of China: source analysis, multimedia modeling, and linkage to bacterial resistance[J].Environmental science & technology, 2015, 49(11): 6772-6782.

[250] LICHTENBERG E, ZILERMAN D.Theeconometrics of damage control: why specification matters[J].The economics of agricultural production, 1986, 68(2): 261-273.

# 附　录

## 附录1　生猪养殖户/场抗生素使用行为调查问卷

调查地点：_____市_____县(区)_____乡(镇、街道)

调查人姓名：_____，联系电话：_____

说明：(1)本问卷调查对象为养殖场负责人。

(2)请认真、客观、真实地填写调查问卷。

(3)请回答所有问题，有的问题答案可多选。

谢谢!

**一、养殖户/场基本特征**

(一)养殖户基本特征

1. 性别：(　　)。

　　A. 男　　　　　B. 女

2. 年龄：(　　)岁。

　　A. 30 岁及以下　　B. 31—40 岁　　　　C. 41—50 岁　　　　D. 51—60 岁

　　E. 61 岁及以上

3. 受教育程度：(　　)。

　　A. 小学以下　　　B. 小学　　　　C. 初中　　　　　D. 高中

　　E. 大专及以上

4. 去年您家庭年收入_____万元，其中生猪养殖收入_____万元。

5. 您从事生猪养殖的时间是_____年。

6. 在您这里从事生猪养殖劳动的有_____人，其中家庭成员_____人。

7. 您是全职养殖户或兼职养殖户。（　　）

    A. 全职　　　　　B. 兼职

8. 您养殖生猪是否签订了销售合同。（　　）

    A. 是　　　　　B. 否

9. 您生猪养殖收入占家庭总收入的比例是（　　）。

    A. 20%以下　　　B. 21%~40%　　　C. 41%~60%　　　D. 61%~80%

    E. 81%以上

10. 目前主要饲养的生猪品种是（　　）。

    A. 外三元　　　B. 内三元　　　C. 土杂猪

（二）生产投入和收益情况

11. 目前能繁母猪存栏＿＿＿＿＿头，去年同期能繁母猪存栏＿＿＿＿＿头。育肥猪（近期可出栏的生猪）存栏＿＿＿＿＿头，去年同期育肥猪存栏＿＿＿＿＿头。

12. 上一年度全年累计出栏生猪＿＿＿＿＿头。

13. 2017年全年出栏生猪平均每斤收入＿＿＿＿＿元，2016年出栏生猪平均每斤收入＿＿＿＿＿元。（收入指包含成本的总收入，不是纯利润）

14. 2017年出栏生猪平均每斤总成本＿＿＿＿＿元，2016年出栏生猪平均每斤总成本＿＿＿＿＿元。

15. 您去年仔猪投入＿＿＿＿＿元/头，饲料投入＿＿＿＿＿元/头，劳动力投入＿＿＿＿＿元/头，抗生素投入＿＿＿＿＿元/头，疫苗投入＿＿＿＿＿元/头。

**二、生物安全实践**

1. 每次运输生猪车辆是否消毒？（　　）

    A. 是　　　　　B. 否

2. 生猪养殖中是否实施全进全出管理？（　　）

    A. 是　　　　　B. 否

3. 养殖场门口是否消毒？（　　）

    A. 是　　　　　B. 否

4. 生猪养殖中是否有虫害的防治措施？（　　）

    A. 是　　　　　B. 否

5. 养殖场养殖区是否消毒？（　　）

    A. 是　　　　　B. 否

6. 猪舍是否有通风设备？（      ）

    A. 是　　　　　　　B. 否

### 三、疫苗注射

1. 在 2017 年，您饲养的生猪是否发生过疫病？（      ）

    A. 是　　　　　　　B. 否

2. 如果发生过，主要疫病是（      ）。（可多选）

    A. 猪瘟　　　　　　　　　　B. 高致病性猪蓝耳病

    C. 口蹄疫　　　　　　　　　D. 圆环病毒病

    E. 副猪嗜血杆菌病　　　　　F. 其他_____（填写）

3. 您饲养的生猪是否注射了生猪免疫疫苗？（      ）

    A. 是　　　　　　　B. 否

4. 如果没有注射，主要原因是（      ）。（可多选）

    A. 疫苗费用过高　　　　　　B. 疫苗质量不好

    C. 出现新型疫病而没有相关疫苗　D. 其他原因

5. 如果注射，您注射的疫苗包括（      ）。（可多选）

    A. 猪瘟　　　　B. 猪蓝耳病　　　C. 口蹄疫　　　　D. 圆环病毒病

    E. 伪狂犬病　　　F. 猪大肠杆菌　　G. 其他_____（请填写）

6. 如果注射，您是否得到过疫苗补贴？（      ）

    A. 是　　　　　　　B. 否

### 四、抗生素使用情况

1. 请在您养殖过程中使用过的兽药名称上面打"√"。

（1）青霉素类：青霉素、阿莫西林、头孢噻呋钠、氨苄西林

（2）氨基糖苷类：丁胺卡那霉素、链霉素、庆大霉素、卡那霉素、新霉素

（3）四环素类：四环素、土霉素、金霉素、多西环素（强力霉素）

（4）氯霉素类：氯霉素、氟苯尼考

（5）大环内酯类：阿奇霉素、红霉素、替米考星、泰乐霉素

（6）林可霉素类：林可霉素、克林霉素

（7）喹诺酮类：恩诺沙星、环丙沙星

（8）磺胺类：磺胺嘧啶、磺胺二甲基嘧啶、磺胺对甲氧嘧啶、二甲氧苄氨嘧啶、三甲氧苄氨嘧啶

（9）其他：乙酰甲喹（痢菌净）、呋喃唑酮（痢特灵）、喹乙醇、磺胺间甲氧

嘧啶钠、阿米卡星、甲硝唑、杆菌肽锌、泰妙菌素(支原净)

(10)除了上述种类,如果您还用过其他抗生素,请填写:＿＿＿＿＿＿＿

2. 您在生猪养殖过程中,是否曾向饲料中长期添加低剂量抗生素?
(　　)

　　　A. 是　　　　　　B. 否

3. 您在生猪养殖中使用抗生素的主要用途包括(　　)。(可多选)

　　A. 治疗疾病:使用抗生素单独治疗患病动物

　　B. 预防疾病:使用抗生素预防疾病在畜群中传播

　　C. 促进生长:使用抗生素提高饲料效率,促进动物生长

生猪养殖一般分为四个阶段:母猪空怀和妊娠阶段、仔猪哺乳阶段(母猪分娩,哺乳仔猪直到断奶)、保育阶段(对断奶仔猪进行保育及饲喂,直至体重达到20公斤以上)、育肥阶段(一般喂养至生猪体重达到90~120公斤时,可以出栏)。

4. 您养殖的生猪主要包括哪几个阶段?(　　　)

　　A. 母猪空怀和妊娠阶段　　　　B. 仔猪哺乳阶段

　　C. 保育阶段　　　　　　　　　D. 育肥阶段

　　E. 以上所有阶段(自繁自养)

抗生素用药率(用药率=使用某种目的抗生素生猪头数/所有生猪头数,例如,您共有哺乳仔猪100头,对其中30头使用过抗生素来预防疾病,那么生猪哺乳阶段预防疾病用药率就是30%)。

5. 母猪妊娠阶段预防疾病用药率为(　　)。
　　A. 0~20%　　　B. 21%~40%　　　C. 41%~60%　　　D. 61%~80%
　　E. 81%~100%

6. 母猪妊娠阶段治疗疾病用药率为(　　)。
　　A. 0~20%　　　B. 21%~40%　　　C. 41%~60%　　　D. 61%~80%
　　E. 81%~100%

7. 仔猪哺乳阶段促进生长用药率为(　　)。
　　A. 0~20%　　　B. 21%~40%　　　C. 41%~60%　　　D. 61%~80%
　　E. 81%~100%

8. 仔猪哺乳阶段预防疾病用药率为(　　)。
　　A. 0~20%　　　B. 21%~40%　　　C. 41%~60%　　　D. 61%~80%

E. 81%~100%

9. 仔猪哺乳阶段治疗疾病用药率为(　　)。

A. 0~20%　　　B. 21%~40%　　　C. 41%~60%　　　D. 61%~80%

E. 81%~100%

10. 生猪保育阶段促进生长用药率为(　　)。

A. 0~20%　　　B. 21%~40%　　　C. 41%~60%　　　D. 61%~80%

E. 81%~100%

11. 生猪保育阶段预防疾病用药率为(　　)。

A. 0~20%　　　B. 21%~40%　　　C. 41%~60%　　　D. 61%~80%

E. 81%~100%

12. 生猪保育阶段治疗疾病用药率为(　　)。

A. 0~20%　　　B. 21%~40%　　　C. 41%~60%　　　D. 61%~80%

E. 81%~100%

13. 生猪育肥阶段促进生长用药率为(　　)。

A. 0~20%　　　B. 21%~40%　　　C. 41%~60%　　　D. 61%~80%

E. 81%~100%

14. 生猪育肥阶段预防疾病用药率为(　　)。

A. 0~20%　　　B. 21%~40%　　　C. 41%~60%　　　D. 61%~80%

E. 81%~100%

15. 生猪育肥阶段治疗疾病用药率为(　　)。

A. 0~20%　　　B. 21%~40%　　　C. 41%~60%　　　D. 61%~80%

E. 81%~100%

**五、主观感知**

1. 假设存在两个项目，都不需要额外投入，都是 1 个月后获得收益，项目 A 可以稳赚 1000 元；项目 B 有 50%可能赚 2000 元，也有 50%可能 1 元钱赚不到，您选择(　　)。

A. A 项目　　　B. B 项目

2. 我养的猪可能感染传染病，这种说法您(　　)。

A. 完全不同意　　B. 比较不同意　　C. 说不清　　　D. 比较同意

E. 完全同意

3. 人们携带对抗生素有耐药性的细菌，这种说法您(　　)。

A. 完全不同意　　B. 比较不同意　　C. 说不清　　　　D. 比较同意

E. 完全同意

4. 由于在猪身上使用抗生素，抗生素不再对人和动物有效（由于它们携带对这些药物有抗药性的细菌），这种说法您(　　　)。

A. 完全不同意　　B. 比较不同意　　C. 说不清　　　　D. 比较同意

E. 完全同意

5. 人类或猪身上的许多常见传染病在未来将无法治愈，这种说法您(　　　)。

A. 完全不同意　　B. 比较不同意　　C. 说不清　　　　D. 比较同意

E. 完全同意

6. 近年来养猪的成本越来越高，这种说法您(　　　)。

A. 完全不同意　　B. 比较不同意　　C. 说不清　　　　D. 比较同意

E. 完全同意

7. 抗生素具有很高的效益（良好的成本效益比），这种说法您(　　　)。

A. 完全不同意　　B. 比较不同意　　C. 说不清　　　　D. 比较同意

E. 完全同意

8. 由于使用了抗生素，患病动物恢复得很快，这种说法您(　　　)。

A. 完全不同意　　B. 比较不同意　　C. 说不清　　　　D. 比较同意

E. 完全同意

9. 抗生素大大降低了猪的死亡率，这种说法您(　　　)。

A. 完全不同意　　B. 比较不同意　　C. 说不清　　　　D. 比较同意

E. 完全同意

10. 本养殖场有专职兽医。(　　　)

A. 有　　　　　　B. 没有

11. 兽医告知使用抗生素的风险，这种说法您(　　　)。

A. 完全不同意　　B. 比较不同意　　C. 说不清　　　　D. 比较同意

E. 完全同意

12. 兽医告知抗生素是如何起作用的，这种说法您(　　　)。

A. 完全不同意　　B. 比较不同意　　C. 说不清　　　　D. 比较同意

E. 完全同意

13. 兽医告知替代抗生素策略的影响及如何使用它们，这种说法您

（ ）。

    A. 完全不同意 B. 比较不同意   C. 说不清     D. 比较同意

    E. 完全同意

14. 养猪户使用其他方法替代抗生素可以获得经济奖励，这种说法您
（ ）。

    A. 完全不同意 B. 比较不同意   C. 说不清     D. 比较同意

    E. 完全同意

15. 如果养猪场大幅度减少抗生素的使用，养猪户可以得到经济补偿，这
种说法您（ ）。

    A. 完全不同意 B. 比较不同意   C. 说不清     D. 比较同意

    E. 完全同意

16. 如果屠宰猪时检测出较高的抗生素残留，养猪户将被罚款，这种说法
您（ ）。

    A. 完全不同意 B. 比较不同意   C. 说不清     D. 比较同意

    E. 完全同意

17. 养猪户受到监控，如果他们的抗生素使用量过高，他们必须采取措施
减少抗生素的使用，这种说法您（ ）。

    A. 完全不同意 B. 比较不同意   C. 说不清     D. 比较同意

    E. 完全同意

18. 兽医只能开处方药（如抗生素），而不能卖药，这种说法您（ ）。

    A. 完全不同意 B. 比较不同意   C. 说不清     D. 比较同意

    E. 完全同意

**六、政府规制**

1. 政府是否对抗生素合理使用或者滥用抗生素的危害进行过宣传？
（ ）

    A. 否         B. 是

2. 政府是否对养殖过程中的抗生素使用进行监管？（ ）

    A. 否         B. 是

3. 生猪销售前相关部门检验检疫是否严格？（ ）

    A. 非常不严格 B. 比较不严格   C. 一般严格     D. 比较严格

    E. 非常严格

4. 如果抗生素使用行为违反规定，政府处罚是否严厉？（    ）

    A. 非常不严厉　　B. 比较不严厉　　C. 一般严厉　　　D. 比较严厉

    E. 非常严厉

## 七、产业合作组织与市场因素

1. 您是否加入生猪养殖合作社？（    ）

    A. 是　　　　　　B. 否

2. 您是否接受过合作社提供的信息服务？（    ）

    A. 是　　　　　　B. 否

3. 您接受过生猪养殖合作社提供的哪种信息服务？（    ）（可多选）

    A. 提供养殖品种 B. 指导养殖技术 C. 疫病防治　　D. 提供饲料

    E. 出栏生猪销售 F. 其他_____（请填写）

4. 不使用抗生素促生长和预防疾病的生猪产品是否可以卖个好价钱？
（    ）

    A. 是　　　　　　B. 否

5. 不使用抗生素促生长和预防疾病的生猪产品是否可以获得更稳定的销
路？（    ）

    A. 是　　　　　　B. 否

6. 养殖过程中减少抗生素使用的生猪产品是否可以卖个好价钱？（    ）

    A. 是　　　　　　B. 否

7. 养殖过程中减少抗生素使用的生猪产品是否可以获得更稳定的销路？
（    ）

    A. 是　　　　　　B. 否

## 八、其他

1. 您购买抗生素的主要途径是什么？（    ）（可多选）

    A. 政府统一采购发放　　　　　　B. 动物卫生监督机构

    C. 抗生素经营单位　　　　　　　D. 生产企业销售代表

    E. 其他（邮购、网购等）

2. 您使用抗生素是否有用药记录？（    ）

    A. 记录很详细　　　　　　　　　B. 简单记录

    C. 凭养殖经验，没有记录

3. 你使用抗生素时征询他人意见情况。（    ）

A. 兽医　　　　　　　　　　　B. 其他养殖户

C. 抗生素厂家代表　　　　　　D. 兽药店老板

E. 专业书报　　　　　　　　　F. 网络

G. 不征询他人意见

4. 近三年来，有关部门是否到您的养殖场抽检过抗生素？（　　　）

A. 是　　　　　　B. 否

5. 如果抽检，抽检结果如何？（　　　）

A. 合格　　　　　B. 不合格

6. 您在使用抗生素中，需要哪些方面帮助？（　　　）（可多选）

A. 抗生素用药知识培训　　　　B. 生物安全措施培训

C. 动物疾病预防知识　　　　　D. 识别真假抗生素的方法

E. 其他_____（请填写）

7. 您预计今明两年生猪、猪肉价格走势是（　　　）。

A. 大幅上涨　　B. 小幅上涨　　C. 基本稳定　　　D. 大幅下降

E. 小幅下降　　F. 其他_____

8. 您下一阶段关于生猪养殖的打算是（　　　）。

A. 扩大规模　　B. 维持现状　　C. 减小规模　　　D. 不再饲养

9. 如果您准备扩大养猪规模，主要出于什么考虑。（　　　）

A. 后期猪价会有所上涨　　　　B. 生猪发生疫病的可能性不大

C. 外出打工工作不好找　　　　D. 其他原因

10. 如果您准备缩小养猪规模，主要出于什么考虑。（　　　）

A. 后期猪价会有所下跌　　　　B. 生猪发生疫病的可能性较大

C. 外出打工赚得更多　　　　　D. 其他原因

## 附录2　生猪养殖户抗生素使用行为综合效益评价

专家姓名：_____　　　　　　联系电话：_____

您的工作性质：_____（畜牧兽医、生猪养殖户、行政管理等）

你从事目前职业的年限：_____年

## 一、效益评价背景

我国是畜禽、水产养殖大国，也是兽用抗菌药物生产和使用大国。兽用抗菌药物在防治动物疾病、提高养殖效益、保障畜禽水产品有效供给中，发挥了重要作用。但是，细菌耐药形势日趋严峻。动物源细菌耐药率上升，导致兽用抗菌药物治疗效果降低，迫使养殖环节用药量增加，从而加剧兽用抗菌药物毒副作用和残留超标风险，严重威胁畜禽水产品质量安全和公共卫生安全，给人类和动物健康带来隐患。当前亟须构建动物源细菌耐药性控制和残留超标治理体系，提高风险管控能力。

使用抗生素不仅可以给生猪养殖户带来经济效益，也会对整个社会与生态造成影响，而且不同类型的抗生素使用行为对经济效益、社会效益和生态效益的影响可能差异很大。

## 二、效益评价对象

请您针对生猪养殖户两组抗生素使用行为进行综合评价，分别是生猪养殖户抗生素减用途使用行为和亚治疗使用行为、生猪养殖户抗生素减量使用行为和超量使用行为。

(1)生猪养殖户抗生素减用途使用行为和亚治疗使用行为。生猪养殖户使用抗生素主要有三种用途：促生长、预防疾病和治疗疾病。其中，促生长和预防疾病需要长期低剂量在生猪饲料或饮水中添加抗生素，与治疗疾病用途相比，这两种用途更容易造成细菌耐药。生猪养殖户可以将抗生素用于促进生长或/和预防疾病，参照国外文献命名方式，将促进生长和/或预防疾病用途抗生素使用行为统称为生猪养殖户抗生素亚治疗使用行为，其更容易造成细菌耐药性激增。反之，如果生猪养殖户没有将抗生素用于亚治疗用途，则被表征为生猪养殖户抗生素减用途使用行为。

(2)生猪养殖户抗生素减量使用行为和超量使用行为。抗生素超量使用行为不但会造成抗生素资源的浪费，还会引发细菌耐药。抗生素实际使用量低于或等于最优使用量的生猪养殖户视为实施了抗生素减量使用行为，反之为超量使用行为。根据前期调研数据测算，实施抗生素减量使用行为的生猪养殖户平均花费为 83.4 元/头，实施抗生素超量使用行为的生猪养殖户平均花费为 123.94 元/头，超量养殖户平均抗生素使用水平比减量养殖户高出 48.6%。

### 三、效益评价标准

评价指标可以分为正向指标和负向指标两类，其中，正向指标的指标值越大越好，本评价指标体系中成本利润率、出栏重量、保障供给和劳动力容纳属于正向指标；负向指标的指标值越小越好，本评价指标体系中料肉比、死亡率、舆情关注、抗生素残留、细菌耐药、土壤污染和水污染属于负向指标。请您不必考虑指标正负方向，只针对这种生猪养殖户抗生素使用行为对指标造成影响的幅度大小来打分。

请您选择 0~1 的数来打分；

打分最小间隔为 0.1 分；

打分示例：0，0.1，0.2，…，0.9，1。

### 四、生猪养殖户对抗生素减用途使用行为和亚治疗使用行为综合效益评价

表 1　生猪养殖户对抗生素减用途使用行为和亚治疗使用行为综合效益评价

| 评价项目 | 指标名称 | 指标描述 | 生猪养殖户抗生素使用行为 | |
|---|---|---|---|---|
| | | | 减用途使用 | 亚治疗使用 |
| 经济效益 | 成本利润率 | 平均每头生猪成本投入与净利润比值 | | |
| | 出栏重量 | 出栏生猪平均重量 | | |
| | 料肉比 | 生猪体重每增加1公斤，消耗的饲料重量 | | |
| | 死亡率 | 生猪死亡率=死亡头数/（期初存栏数+期间增加数） | | |
| 社会效益 | 舆情关注 | 兽用抗生素引发问题的舆情关注 | | |
| | 保障供给 | 保障生猪产品市场供给总量 | | |
| | 劳动力容纳 | 养殖过程需要用工容纳劳动力 | | |
| 生态效益 | 抗生素残留 | 生猪产品抗生素残留对消费者健康的危害 | | |
| | 细菌耐药 | 致病细菌耐药对人类和动物的威胁 | | |
| | 土壤污染 | 生猪排泄物抗生素残留造成土壤资源污染 | | |
| | 水污染 | 生猪排泄物抗生素残留造成水资源污染 | | |

## 五、生猪养殖户对抗生素减量使用行为和超量使用行为综合效益评价

表2　生猪养殖户对抗生素减量使用行为和超量使用行为综合效益评价

| 评价项目 | 指标名称 | 指标描述 | 生猪养殖户抗生素使用行为 | |
| --- | --- | --- | --- | --- |
| | | | 减量使用 | 超量使用 |
| 经济效益 | 成本利润率 | 平均每头生猪成本投入与净利润比值 | | |
| | 出栏重量 | 出栏生猪平均重量 | | |
| | 料肉比 | 生猪体重每增加1公斤，消耗的饲料重量 | | |
| | 死亡率 | 生猪死亡率=死亡头数/（期初存栏数+期间增加数） | | |
| 社会效益 | 舆情关注 | 兽用抗生素引发问题的舆情关注 | | |
| | 保障供给 | 保障生猪产品市场供给总量 | | |
| | 劳动力容纳 | 养殖过程需要用工容纳劳动力 | | |
| 生态效益 | 抗生素残留 | 生猪产品抗生素残留对消费者健康的危害 | | |
| | 细菌耐药 | 致病细菌耐药对人类和动物的威胁 | | |
| | 土壤污染 | 生猪排泄物抗生素残留造成土壤资源污染 | | |
| | 水污染 | 生猪排泄物抗生素残留造成水资源污染 | | |